PUHUA BOOKS

我们一起解决问题

小型项目管理

（第3版）

PROJECT MANAGEMENT FOR SMALL PROJECTS

(Third Edition)

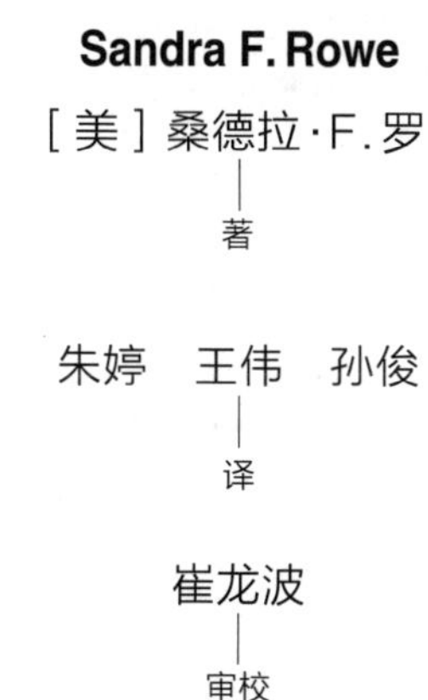

Sandra F. Rowe

[美] 桑德拉·F. 罗 著

朱婷 王伟 孙俊 译

崔龙波 审校

人民邮电出版社

北京

图书在版编目（CIP）数据

小型项目管理 ：第3版 / (美) 桑德拉•F.罗
(Sandra F. Rowe) 著 ；朱婷，王伟，孙俊译. -- 北京 ：
人民邮电出版社，2022.7
ISBN 978-7-115-58772-5

Ⅰ．①小… Ⅱ．①桑… ②朱… ③王… ④孙… Ⅲ．
①项目管理 Ⅳ．①F224.5

中国版本图书馆CIP数据核字(2022)第039591号

内容提要

小型项目管理越成功，成功管理大型项目的机会就越大。管理大型项目和小型项目的区别不仅在于时间、精力和专业知识，还在于流程和工具。虽然《PMBOK® 指南》建议简化流程，以适应项目的大小，但并没有指明如何简化。

本书的内容与最新版的《PMBOK® 指南》相吻合，同时提供了可以简化流程的新的可扩展、可兼容的工具、模板和技术，可以在管理小型项目时立即使用。本书主要讲述了项目管理知识领域的基本原理、小型项目管理的流程和方法、项目管理的实践场景应用，例如，如何同时管理多个小型项目，如何进行项目集管理、团队管理，如何应对大型项目管理中所面临的挑战和问题，以及如何进行敏捷项目管理。

本书可以帮助初级项目管理者、项目经理、敏捷项目管理者及团队成员在小型项目上应用项目管理技巧，并为最终管理大型项目做准备。

◆ 著 [美] 桑德拉•F. 罗（Sandra F. Rowe）
译 朱 婷 王 伟 孙 俊
审 校 崔龙波
责任编辑 杨佳凝
责任印制 彭志环
◆ 人民邮电出版社出版发行 北京市丰台区成寿寺路 11 号
邮编 100164 电子邮件 315@ptpress.com.cn
网址 https://www.ptpress.com.cn
三河市中晟雅豪印务有限公司印刷
◆ 开本：720×960 1/16
印张：16.5 2022 年 7 月第 1 版
字数：240 千字 2022 年 7 月河北第 1 次印刷
著作权合同登记号 图字：01-2021-2460 号

定 价：79.80 元

读者服务热线：（010）81055656 印装质量热线：（010）81055316
反盗版热线：（010）81055315
广告经营许可证：京东市监广登字20170147号

献给我的母亲明妮·莉奥拉·罗（Minnie Leola Rowe）和
父亲刘易斯·阿瑟·罗（Lewis Arthur Rowe）

以此纪念我的姑姑：西丽娅·卡拉瑟斯（Celia Carruthers）、玛丽·约翰逊（Mary Johnson）、艾达·布克（Ida Booker）和塞莱斯·蕾（Celess Ray）

前 言

无论项目大小，管理项目都需要时间、精力和专业知识。管理大型项目和小型项目的区别不仅在于时间、精力和专业知识，还在于流程和工具。《小型项目管理》（第 3 版）提供了可扩展的流程和简化的工具，你可以在管理小型项目时立即使用。

如今进行项目管理专业的学习是令人兴奋的。项目管理为职业发展及个人成长提供了机遇。如果你是小型项目管理的新手，或者你正在管理小型项目并需要更多的管理框架，那么《小型项目管理》（第 3 版）就是为你而写。我的愿望是让你乐于使用这些流程和工具，和我一样，把项目管理变成一件有趣的事。在本书中，我将易于执行的步骤与实践应用技巧相结合，以便于你更好地学习。

创作本书的目的是让你在小型项目上应用项目管理技巧，并为最终管理大型项目做准备。本书以项目管理协会（PMI）所著的《PMBOK® 指南》为基础，并尽可能地使用 PMI 的项目管理术语和定义，因为《PMBOK® 指南》包容性强，描述了项目管理专业内完整的知识体系。完整的项目管理知识体系（PMBOK）包括经过验证、被广泛使用的传统实践和业内新兴的创新实践。在这本书中，我把用于大型项目的传统实践进行裁剪以适应小型项目，同时使其符合 PMI 的项目管理标准。

本书的内容与《PMBOK® 指南》相吻合，同时提供了新的工具、模板和技术。本书分为四个部分：第一部分讲述了项目管理知识领域的基本原理，这也是本书的基础所在；第二部分定义了小型项目的管理流程，包括管理和领导活动；第三部分提供了几个附加的项目管理主题的专业知识；第四部分是新增加的内容，包含一些敏捷实践。

我希望《小型项目管理》（第 3 版）能帮助读者在管理小型项目的过程中不断取得成功。

——桑德拉 · F. 罗（Sandra F.Rowe）博士

工商管理硕士（MBA）、信息管理硕士（MSCIS）、项目管理专业人士（PMP）

目 录

PART 01

第一部分 项目管理知识领域

PART 02

第二部分

小型项目管理过程

PART 04

第四部分 敏捷

第一部分

项目管理知识领域

第 1 章

项目管理概论

大多数组织依赖的项目有大有小。虽然小型项目具有的独特性挑战在大型项目中不会出现，但小型项目仍然可以从确定的项目管理方法中受益。为了获得最大收益，流程、工具和技术必须是可扩展和可适应的。小型项目管理越成功，成功管理大型项目的机会就越大。

从某种程度上来说，几乎每个人都会参与到项目中来，所以大家都应该为有效地管理项目做好准备。本书提出了一种方法，使项目经理能够运用结构和专业学科知识来管理小型项目，同时平衡项目需求与项目管理方法的关系。

当我们讨论项目管理实践时，我将使用来自项目管理协会（PMI）的出版物和其他资料中的定义。

项目管理的最佳实践

项目管理的最佳实践是指项目管理活动经过时间证明是成功的活动。一些项目管理的最佳实践如下：

- 使用能捕获项目商业论证意图的项目管理方法；

- 制定项目章程；
- 记录项目需求；
- 确定项目范围；
- 使用项目进度表来规划和监测项目活动；
- 通过制定项目预算来控制项目成本；
- 管理项目风险；
- 与项目干系人沟通；
- 使用项目管理工具、技术和模板；
- 根据小型项目的具体需求来定制方法，以应对范围、进度、成本、资源、质量和风险等竞争环境下的制约因素。

PMI 将项目管理知识体系（PMBOK）定义为描述项目管理专业知识的术语。项目管理知识体系包含已经被证实并被广泛应用的传统实践和新兴实践。

因此,《PMBOK® 指南》建立了小型项目管理技术的基础。

1.1 项目概述

如今，项目是企业管理框架内非常重要的一环，而且比以往任何时候都重要。项目存在于各种组织的各个层面，无论规模大小，组织都必须积极主动地进行项目管理。通常，当提到项目时，我们首先会想到大型项目，比如开发新的产品或服务，开发新的信息系统或优化现有的系统，建造一座建筑物，或筹备一次大型体育赛事等。小型项目并不总是被视为项目，也不总是被当作项目对待，特别是那些被称为“任务”的较小的、非正式的项目。

1.1.1 项目的定义

“项目是为创造独特的产品、服务或成果而进行的临时性工作。”项目可以产出：

- 一个产品，它可能是其他产品的组成部分、某个产品的升级版或修正版，也可能其本身就是新的最终产品；
- 一种服务或执行服务的能力；
- 一项成果，如某个结果或文件；
- 一个或多个产品、服务或成果的独特组合。

项目有以下三个明显的特征。

（1）项目是临时的。项目总是有一个明确的开始日期和结束日期。项目在开始时一般会有一个工作说明书或对产品、服务或成果的描述。当目标完成或因确定目标不能实现而取消项目时，项目就结束了。

（2）项目是独特的。这种独特性是指项目所创造的产品、服务或成果与所有类似的产品、服务或成果在某些方面有所区别。项目的独特性还表明，虽然你生产的是可能看起来与另一个项目相似或同一类型的可交付成果，但实际上并非如此。在这两个项目中，你都在创造以前不存在的东西。即使是对现有可交付成果的修订也被认为是独特的，因为修订后的产品是以前不存在的东西。

（3）项目是渐进明细的。项目的发展是分步骤的，并且在细节上不断衍化。当你获得更准确的估算时，你可以通过增加更多细节和具体信息来不断改进你的计划。当你第一次做项目时，你可以使用的信息非常有限，这些信息通常是一个高层级的项目描述、项目目标以及一些假设和约束条件。而随着项目的发展，项目的逐步细化使得你可以管理更多的细节。

项目能推动组织的变革。项目使组织从当前的状态转移到能够确定的未来状态，最终创造出商业价值。商业价值是指项目的成果为利益干系人带来的利益，它可以是有形的，也可以是无形的，或两者兼而有之。

另一种看待项目的方式是将项目看作一次性完成的工作，而不是运营工作。运营工作是连续和重复的，是为了维持业务而进行的。运营工作没有真正的完成日期，它们是持续的。开发或改进会计系统是一个项目，而运营工作则是处理双周工资条或支付月度费用。运营工作和项目工作都会受到资源的限制，它们都是有计划的、受控的（如图 1-1 所示）。

项目可以通过以下多种方式与运营交叉：

- 当为现有系统开发新产品或成果时；
- 当制定新程序或优化现有程序时；
- 当一个项目完成并转交给运营时。

图 1-1　项目和运营的比较

为什么在小型项目上使用项目管理

假设你被分配到一个项目组，负责修改现有的流程。你有一个由三位主题专家组成的团队，他们可以协助设计和实施修改。你要从哪里开始？你打算交付什么？这个项目什么时候能完成？这个项目的成本是多少？团队成员的角色和责任是什么？利用项目管理所提供的专业知识和工具，我们就可以很好地回答这些问题。

1.1.2 小型项目的定义

小型项目常被认为是相对容易的项目，但我们很难界定什么样的项目是小型项目。在某些情况下，我们可以根据项目的成本来定义小型项目，例如，成本低于 100 万美元的项目。然而，成本是相对的，它依赖于组织的收入。我们也可以用时间来定义小型项目，例如，在 6 个月以内可以完成的项目。在本书中，我们将使用以下准则来定义小型项目：

- 项目周期短，一般不超过 6 个月，而且项目团队成员通常是非全职投入工作的；
- 团队成员不超过 10 人；
- 涉及的技能领域较少；
- 拥有单一的目标和易于实现的解决方案；
- 具有狭窄的范围和定义；
- 影响单个业务部门，并且只有一个决策者；
- 能够获得项目信息，不需要从外部项目获得自动化解决方案；

- 项目经理是首要的领导者和决策者；
- 不涉及政治问题；
- 产生直观的可交付成果，技能领域之间的相互依赖性很小；
- 有可用资金，且不超过 15 万美元。

如果一个项目仅涉及几个技术领域，但可交付成果很复杂，那么它就不是一个小型项目。如果项目范围很广，涉及很多技术领域，那么它也不会被认为是一个小型项目。项目涉及的技术领域越多，管理项目所需要投入的精力就越多。

小型项目可以是大型项目的一部分。例如，团队负责人负责规划和控制特定的项目活动，然后向项目经理报告结果，那么团队负责人实际上就是在运行一个小型项目。大多数小型项目都以组织流程的变更或现有系统的优化为中心。其他小型项目的例子包括：

- 开发培训课程；
- 设立项目管理办公室（PMO）；
- 实施软件应用程序；
- 优化现有的信息系统；
- 改进业务流程；
- 开发网站；
- 评估现有的实践；
- 制定战略；
- 制定项目建议书。

表 1-1 和表 1-2 是对小型项目的详细说明。

表 1-1　小型项目（6 个月）的特点及相应的标准

特点	标准
项目周期短	6 个月
团队成员少	5 名兼职团队成员：1 名项目经理、1 名教学设计师、2 名培训师和 1 名行政助理
目标单一	开发项目管理培训课程简介
范围狭窄	培训资料与其他项目管理课程是一致的
决策者单一	发起人：企业教育总监
可交付成果是明确的	PowerPoint 演示文稿、指导手册、参与者手册和案例研究
技能领域之间具有相互依赖性	项目管理办公室

表 1-2　小型项目（3 个月）的特点及相应的标准

特点	标准
项目周期短	3 个月
团队成员少	4 名兼职团队成员：1 名项目经理和 3 名主题专家
目标单一	修订规划过程，包括对公司项目管理过程进行更改，并确保与当前版本的《PMBOK® 指南》中的过程保持一致
范围狭窄	规划过程的描述和模板
决策者单一	发起人：项目管理办公室主任
可交付成果是明确的	规划过程的描述、工作分解结构、过程和例子、头脑风暴技术、项目计划模板
技能领域之间具有相互依赖性	无

小型项目也可以是项目集的一部分。（关于作为项目集一部分的项目的讨论，请参阅本书第 12 章。）

1.1.3 简单项目的定义

本书对小型项目和简单项目进行了区分。小型项目和简单项目的许多最佳实践是相似的。当小型项目和简单项目需要不同的管理方法时，你可以运用本书讲述的方法。

简单项目比小型项目更简单。简单项目通常被称为任务。我们通常不会把任务视为项目，但是任务却很像项目，因为它有明确的开始和结束的时间，并产生特定的输出。任务通常持续时间很短，由 3 名或更少的团队成员组成的小团队来完成。通常一项任务交由一个人来完成。（请参阅本书第 13 章，了解更多相关细节。）

场景

肯尼（Kenny）是一位有志成为项目经理的分析师。他知道项目的定义及在小型项目中项目管理的重要性。他一直在做任务，他想知道如果他使用项目管理的方法和工具，是否能更成功地完成这些任务。项目管理的方法和工具可以用来完成任务吗？答案是肯定的。任务可以被看作一个简单的项目。

通常我们不认为任务是项目，也不会把它们当作项目来处理。任务有其特定的规模和期限，虽然不需要应用项目管理所要求的所有管理模块，但是我们仍然可以从简化的项目管理模块中获益。把任务当作项目来处理，可以让你更清楚地定义期望、更好地利用资源，并消除不必要的精力损耗和返工所带来的挫败感。

简单项目举例如下：

- 制定程序或参考指南；
- 修订业务流程；
- 开发用来存储部门文件的电子归档系统；

- 制作演示文稿，并用它来沟通新流程。

区分小型项目和简单项目的因素包括持续时间、团队规模和有效满足干系人期望所需的管理模式。项目经理必须确定什么样的过程和工具组合适合项目的需要。

简单项目通常具有以下特点：

- 持续时间短，通常不到 30 天，并且团队成员是非全职投入的；
- 团队由 3 名及以下成员组成，通常由一名成员处理一个简单项目；
- 涉及单一的技能领域；
- 具有单一的目标和易于实现的解决方案；
- 具有狭窄的范围和定义；
- 影响单个业务部门，并且只有一个决策者；
- 能够获取项目信息，不需要自动化解决方案；
- 项目经理是首要的领导者和决策者；
- 没有政治影响；
- 产生直观的可交付成果，不依赖其他技能领域；
- 不需要项目预算，成本被视为日常业务的一部分进行处理。

1.2 什么是项目管理

“项目管理是指通过应用知识、技能、工具和技术来满足项目的需求。”项目管理包括澄清项目需求、定义和规划必要的工作、安排项目活动、监测和控制项目活动、与项目干系人交流项目进展情况，以及最后开展结束项目的活动。

项目管理需要协调他人的工作，包括项目经理和项目团队。项目经理是组织指派的实现项目目标的人。项目经理可能不是这个人的正式职务，但在本书中，我们将用这个术语来表示负责完成项目的人。项目团队成员是负责完成项目工作的人，他们要完成项目的可交付成果。他们也许会直接向项目经理汇报工作，当然也可能不会。对于小型项目，团队成员通常在项目中兼职工作。

项目管理被称为一门艺术和一门科学。

之所以说项目管理是一门艺术，是因为它包含了人的因素。项目涉及不同群体之间的关系，这就需要使用一些领导力技能，这些技能需要根据项目的具体情况来应用，并且是每个项目所特有的，比如沟通、谈判、决策和解决问题等。项目经理需要在技术和业务资源之间、项目团队和客户之间以及多个利益干系人之间取得一致（干系人是指积极参与项目的人和组织，其利益可能因项目的执行或完成而受到积极或消极的影响）。所以，为了有效地掌握项目管理的艺术，你必须培养领导能力。

之所以说项目管理是一门科学，是因为它是建立在可重复的过程和技术之上的。

项目管理既是一门艺术，又是一门科学

艺术：领导能力。

- 建立并维护愿景、战略和沟通。
- 促进信任和团队建设。
- 影响、指导和监控团队绩效。
- 评估团队和项目绩效。

科学：成功完成一个项目所需的过程。

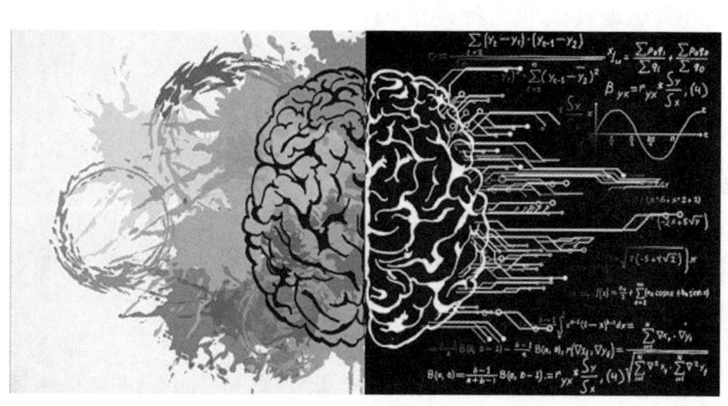

项目管理的力量

某团队被指派了一个对现有系统进行改进的项目。由于改动不大，而且预计项目只需要5周的时间，所以项目经理没有严格使用项目管理的流程和工具。结果，项目遇到了麻烦，项目工作没有按时完成，团队成员灰心丧气。此时，一个坚持使用项目管理最佳实践的新的项目经理上任了，他制定了一个项目章程，让团队成员清楚地了解项目的内容。然后，团队共同制定了项目进度表，其中包括负责完成工作的成员的名字以及计划的开始和结束日期。团队重新焕发活力，并投入项目工作中。

项目经理拥有一系列工具、模板和标准，能够协助定义和规划项目。此外，项目经理还通过各种指标和状态报告来监控项目。为了掌握项目管理的科学性，你必须有效并高效地应用一个系统，其中包含适当的项目管理过程和技术。

项目管理是科学的艺术。“学习基础科学是实践艺术的必要条件。”学习项目管理的基础——过程、工具和技术只是一个开始，你不应该止步于此。你可以运用领导力来指导、激励和指挥团队，做出创造性的决策，并与所有干系人沟通，由此增强你帮助组织实现其商业目标的能力。

1.3 在小型项目中进行项目管理的价值

对于大型项目来说，成功与否的衡量标准有产品和项目质量、按期交付、预算的合规性和满意度。

大型项目必须平衡各种项目限制因素，包括范围、质量、进度、预算、资源和风险。然而，对于小型项目来说，成功可以被定义为准时、预算内和满足项目干系人的要求。小型项目管理者需要关注的是如何满足这三重约束，同时应理解其他项目约束也需要被管理。

项目管理提供的价值是使用标准的流程和工具。当流程和工具能够适应小型项目的不同类型和规模时，项目管理的价值就更大了。通过使用方法论，项目经理可以更好地定义和管理项目范围，了解项目需求，并进行持续的沟通。干系人很早就参与进来，项目团队知道他们的期望，再加上切实的估算和规划进度的能力，以及有效管理问题和风险的能力，项目经理就有了一个管理项目约束的方法。当项目经理能管理项目约束时，就能提高项目成功的机会。

为什么要使用项目管理方法

项目管理：

- 有助于组织实现其商业目标；
- 提供建立专业领域的程序和工具，以及组织管理项目数据的方法；
- 提供定义范围和控制范围变化的方法；

- 确定项目的角色和责任；
- 允许项目经理管理利益干系人的期望；
- 允许团队专注于优先事项；
- 平衡范围、进度、成本、资源、质量和风险等制约因素。

场景

肯尼了解到，项目管理既是一门艺术，又是一门科学，并总结出项目经理需要不断地平衡人员和流程。

最后，对小型项目进行项目管理将为今后的项目提供参考。大多数小型项目在结构或结果上往往是相似的。如果开发了一个模板或模型，就可以将其用于今后的项目。这既节省了项目经理的时间，又为持续改进流程提供了基础。

第 2 章 小型项目的关注点

我们已经确定，一个项目是为了在特定的时间范围内实现特定的目标而必须进行的一系列活动，而小型项目需要一定程度的规则才能取得成功。现在我们来看看与管理小型项目有关的挑战和问题。

2.1 小型项目的挑战

挑战是对行动的呼吁。下面列出了项目经理需要应对的一些挑战。

项目规划

项目规划是定义和度量项目范围、制订项目管理计划、确定和安排项目活动所必需的管理过程，它能确保你申请适当的时间和资源来完成项目。规划对于任何规模的项目都是一个挑战。在合适的时间找到合适的资源共同讨论项目细节本来就是让人比较痛苦的事情。

对于小型项目来说，规划更具有挑战性。因项目规模的特点，项目本身就被预设为易于交付的。“小”一般意味着简单，而正是因为有了这样的假设前提，人们在开发小型项目时往往没有足够的时间制订一个详细的计划。（当你能直接提供项目交付物的时候，为何还要费心去制订计划？）当人们接到一个小型项目的时候，一般第一个反应都是跳过制订计划环节，直接启动项目活动。就算是非常有经验的项目经理，也至少掉进过一次这样的陷阱。若不制订计划，那么你很可能在刚开始的时候认为项目是个小型项目，当项目结束的时候，也非常希望它确实是一个小型项目。另外，如果不制订计划，你可能会漏掉项目的关键组成部分。

在管理项目过程中，项目经理需要保证项目范围、工作内容及成本是明确的。如果范围被定义得过于宽泛，项目经理可能会面临需求持续变更的风险，范围蔓延也会成为一个问题。而项目管理计划可以提供项目经理所需的信息。因为计划能为项目提供方向，同时它还是一种控制手段，也是项目发起人和其他项目干系人之间的一种沟通工具。所以，项目经理需要花时间来制订计划。

当项目经理为小型项目制订计划时，需要考虑以下几件事情。

- **一定要制订计划**。人们很容易忽视为小型项目制订计划的重要性，所以要将计划交付添加到你的项目交付成果中。
- **让与项目相关的人员参与到制订项目计划的过程中**。对于项目经理而言，基于任务项制订计划很简单。它可以让任务执行人对任务本身更为了解，例如，具体做哪些事情，实际投入多少工作量，什么时候可以启动工作等。而如果缺少这些信息，那么即使是小型项目，也可能会失败。
- **使用合适的工具和技术来管理项目**。即使是针对小型项目的技术和方法，也需要对其进行裁剪，以便适用于你自己的项目。
- **注意，计划不要做得过于简洁，也不要过于详细**。你需要清楚计划所需的详细程度以及达到何种程度是足够的。
- **尽量不要用你过去的经验来安排项目**。这只会让你忽视那些你不熟悉的领域。记住，不要在你已知的地方停滞不前。

- **获取商业计划书**。了解商业计划及目标有助于你选择合适的项目管理方法。如果可能的话，获取一份项目商业案例的备份。如果没法获取，则应与商业负责人沟通，了解足够多的信息。

制订计划对于小型项目或简单项目而言，在最开始看起来比较费时。但最终，它会帮你节省时间、人力并降低项目失败的风险。记住，即使你管理的是一个小型项目，你也不能置身于与外界新信息隔离的环境，不与外部沟通，独自工作。你需要持续地从项目干系人那里获得信息，并组织项目发起人对项目状态进行回顾。

项目挑战：计划

由于小型项目通常持续时间较短，而且被认为容易完成，因此，项目团队往往会忽略计划的重要性。如果没有定义所有的可交付成果，没有估算预计完成可交付成果的时间，那么这个团队已经在不知不觉中把项目置于危险之中。我们看以下这个案例。

一个由三人组成的团队被指派去开发一个培训课程。因为团队成员都是培训师，所以他们有信心顺利开发出培训课程。他们将课程分为六个模块，每个培训师负责两个模块，并立即开始为课程开发幻灯片演示。一周后，发起人询问最新情况，团队告诉他，项目正在按计划进行，课程将在四周内开发完成。在没有明确的可交付成果、没有时间表、没有角色和责任、没有成功标准、没有沟通方法的情况下，团队成员仍然继续独立设计幻灯片演示。

当还剩下两天时间时，团队开会回顾进展。每个培训师根据自己的设计开发了两个模块。由于没有定义可交付成果，有些模块很详细，包括活动；而有些模块则很笼统，只包括基本定义。他们的回答是，“哦，我不知道你想要包括这个”，或者“哦，这是个好主意。你为什么不告诉我你在做什么？我们现在要做什么呢？”在剩下的两天时间里，团队如何向发起人提供高质量的产品？当团队知道他们将错过最后期限时，做了许多团队曾做的事情：向发起人索要更多时间。

团队不得不向发起人解释为什么不能在最后期限前完成项目。这让团队成员很尴尬，因为这毕竟是一个小型项目（容易交付）。发起人问团队还需要多少时间。在回答此问题之前，该团队做了计划：定义了可交付成果，估算了工作量，并创建了持续的沟通工具。

失败一次已经很糟糕了，团队成员已经吸取了教训。他们现在明白，即使是一个小型项目，如果想获得成功，就必须为他们的项目活动做好计划。

做计划的理由

以下是你应该经常做计划的理由：

- 计划可以界定范围、工作内容和成本；
- 计划是团队与利益干系人的一个沟通工具；
- 计划可以控制项目；
- 计划可以跟踪变化；
- 计划可以预测潜在问题，并提供一种主动管理的手段；
- 计划可以在多个项目之间建立起一致性；
- 计划使你专注于商业目标；
- 计划能增加项目成功的机会。

低优先级

对于小型项目而言，另外一个挑战在于，它在组织中总是处于低优先级的队列中。相比大型项目，它的曝光率总是很低，它的重要性也相对较低。因此，在项目团队的日常活动中，小型项目所包含的总是低优先级的事务。项目经理只有很努力地与各方沟通，项目的紧急性才能被认可。

项目经理可以让团队成员看到项目在组织中的作用，以此来提升低优先级项目的重要性。这种方法将团队成员与小型项目、战略手段、组织目标联系起来，最终上升到公司愿景层面。将项目与公司目标联系起来，能够为项目带来更多的认同感，团队成员也能了解自己处于一个大的目标中而非仅仅参与一个小型项目。

无经验的项目团队

项目经理不应该为带领一个无经验的项目团队而感到沮丧。在大多数情况下，无经验的团队总是乐于学习并积极参与到团队活动中。如果人们想学习，那么他们总是会乐于尝试新事物。带领一个无经验的团队对于项目经理而言是一个机遇，他能够更好地搭建友好的人际网络，因为项目经理作为团队的一员，可以与团队成员共同学习和成长。

小型项目很少会配备精良的团队或获取到核心资源，通常配备的是缺乏经验和技能的团队，因为小型项目通常被认为是不需要很多高端技能或资源的。

小型项目通常会委派给一个新手项目经理。新手项目经理通常会按照自己的方式管理项目，甚至可能根本不知道要做什么。

项目经理需要承担多个角色

项目经理需要承担多个角色。有时为了保证项目完成，项目经理需要牺牲一些好的项目管理实践。同时，在管理项目期间，项目经理还需要对以下事项负责。

- 成为所负责的项目领域中的专家。项目经理需要是一个分析师、设计师、专业人员、开发人员等。作为领域中的专家，项目经理需要负责分析、收集并细化商业需求，创建交付物，测试或集成交付物。换句话说，项目经理需要在保证项目正常交付的前提下做好项目需要他做的任何事情。
- 对运营活动负责。项目经理可能需要兼职管理项目，而与此同时，还需要对项目的运营活动承担责任。
- 管理几个项目。项目经理有更大的概率会被分配多个小型项目。

流程和工具

在管理小型项目时，能够使用正确的流程和工具是一项挑战，因为在很多情况下，这些流程和工具并不适用于小型项目。有人认为大型项目的流程和工具在未经调整的情况下也能应用于小型项目，这种假设是不成立的。

千方百计地让小型项目适应大型项目的那套流程和工具是行不通的。使用过多的流程会非常耗时，让人沮丧。小型项目需要短暂而快速地运转交付。如果计划无法快速生成，关键信息无法得到迅速传递，那么项目就会受阻。因为在短周期内，团队是没有时间返工的。如果项目经理在未对工作进行全局计划的情况下就开始工作，那么项目最终会失控。

2.2 不使用项目管理方法将导致的问题

项目经理有时会忽视项目管理方法，这可能会导致项目失败，或者项目经理名声扫地。

项目失败

在大型项目中不使用项目管理方法所导致的问题很可能同样出现在小型项目

中，如范围蔓延、优先级混乱，以及目标不清晰等。通常这些问题的后果是可交付成果无法达到预期，导致项目失败。项目失败通常意味着项目延期、成本超支、可交付成果未达到预期。

项目失败

通常一个项目延期了，或超出预算，或没有达到客户的期望，则被认为是失败的。如果没有通过项目管理对其加以控制，项目很有可能在某些方面出现问题。只要一个制约因素（范围、进度、成本、资源、质量和风险）出现问题，就会危及整个项目。

导致小型项目失败的主要因素包括：

- 缺乏资源；
- 无计划和控制；
- 缺少项目文档，尤其是计划、状态报告、风险登记册；
- 不切实际的计划；
- 未完成需求或需求不准确；
- 缺少项目发起人的参与；
- 缺少项目团队的参与（项目团队不参与到关键信息的决策中，不对自己的项目活动负责）；
- 不对假设条件进行管理；
- 使用不正确的项目管理方法；
- 项目经理缺乏经验。

在某些情况下，小型项目失败的原因在于我们未能聚焦项目本身应该完成的任务或产出。我们被其他项目或优先级高的事务分散了注意力，而当我们有时间再回到小型项目中时，我们又需要花时间回想上次做到哪里了，甚至要花很大精力重新回到之前的状态。

项目经理的名声受损

项目经理的名声与小型项目的具体问题的关联度很高。如果项目经理没法成功地管理一个小型项目，那么他的名声可能就会受到影响。因为大家对小型项目的预期就是它是易管理的，所以它理应百分之百地成功。小型项目通常被当作训练场，为培养管理大型项目的项目经理提供练习场景。如果一个项目经理未能成功交付小型项目，那么他可能会遇到事业发展上的困难和瓶颈。

如果一个项目经理失败了，会发生什么

当项目经理在管理一个大型项目中失败时，他们可能会得到第二次机会，被重新分配到一个小型项目中。而当项目经理管理一个小型项目失败时，他还有机会吗？使用项目管理工具，会使你成功的机会最大化！

针对小型项目，使用项目管理方法能够帮助项目经理提升项目管理能力。项目经理能很快掌握项目管理的理论、流程以及实践方面的知识，随后逐步发展出熟练履行项目职责的技能。小型项目的确是一个训练场或一次机遇，用来证明你已经为管理更大型的项目做好了准备。

场景

作为一个项目经理，肯尼希望避免项目失败，更不想名声扫地。他决定学习更多关于管理和领导小型项目的知识。

第3章 管理和领导小型项目

项目经理对项目的整体成功负责。为了取得成功，项目经理必须同时管理和领导小型项目。著名的领导力专家沃伦·本尼斯（Warren Bennis）曾指出，管理者是正确做事情的人，领导者是做正确事情的人。这两个角色都是至关重要的，而且差别很大。管理者是高效的，领导者是有效的。只有将效率和效果结合起来，才是一个好的项目经理。本章对管理和领导小型项目的意义做了更具体的阐述。

3.1 管理与领导的区别

约翰·科特（John Kotter）在《领导者真正要做什么》（*What Leaders Really Do*）中说，管理者应对复杂性，领导者应对变革。管理和领导都需要特定的技能。约翰·科特认为，应对复杂性，首先你需要制订计划和预算，然后通过组织和人员配置培养实现计划的能力，最后通过控制和解决问题确保计划的完成。应对变革，你需要先确定方向并制定愿景，然后通过沟通方向和愿景来团结人员，最后激励和鼓舞人员向正确的方向前进。

为了更好地管理项目，项目经理必须理解并能够应对复杂性问题，同时在项目管理体系中履行规划、组织、指导和控制等管理职能。为了更好地领导项目，项目经理必须能够应对变革，因为项目是实施变革的手段。即使是小型项目，也需要管理和领导的双重技能（如表 3-1 所示）才能成功。

表 3-1　管理和领导的技能

管理	领导
• 管理 • 短视 • 注重底线 • 注重过程 • 依靠控制 • 利用职位权力进行指挥 • 正确地做事	• 创新 • 有长远的眼光 • 专注于愿景 • 专注于人 • 赋予权力，激发信任 • 利用关系权力进行协作 • 做正确的事情

3.2 管理小型项目

项目管理需要一般的管理知识和技能以及项目管理专业的知识和技能。一般来说，项目经理会计划、组织、指导和控制项目活动。更具体地说，为了使小型项目的执行更有效率，项目经理要确保使用适当的工具和技术来管理项目。他们还管理项目资源，关注项目时间表，并记录项目活动。

管理项目需要时间、精力和纪律。《PMBOK® 指南》中包含项目管理实践所需的项目管理知识领域。项目管理知识领域由知识需求来定义，并根据过程组件、实践、输入、输出、工具和技术来描述。PMI 已经确定了 10 个用于管理项目的项目管理知识领域。本书以《PMBOK® 指南》为基础，对各个知识领域进行定义，并描述了如何将其应用于小型项目。

- **项目整合管理**“包括为识别、定义、组合、统一和协调各项目管理过程组的各个过程和活动而开展的过程与活动”。
  - 项目整合管理详细介绍了将项目的各个层面联系在一起的高层级的活动，并回答了“如何将所有的项目管理文件有效地整合在一起”这个问题。
  - 在项目管理的背景下，整合包括统一、巩固、沟通和相互关联等特征。它提供了从项目开始——制定项目章程，到项目完成——关闭项目应该采取的行动。项目整合管理包括对资源分配进行选择、平衡需求优先级、研究任何可供选择的方法、调整流程，以及管理项目管理知识领域之间相互依赖的关系。
  - 项目整合管理活动包括制定项目章程、制订项目管理计划、指导与管理项目工作、管理项目知识、监控项目工作、实施整体变更控制、结束项目。
  - 对于小型项目来说，这些活动将通过以下方式完成：
    - 制定项目章程；
    - 根据项目的需要，制订必要的子计划，并将子计划合并为项目管理计划，子计划可以包括范围、进度、成本、沟通和风险管理计划；
    - 执行项目管理计划中规定的工作；
    - 监控项目活动。

- **项目范围管理**“包括确保项目团队做且只做所需的全部工作，以成功完成项目的各个过程”。
  - 项目范围管理使项目经理能够明确哪些工作会包括在项目内，哪些不会包括在项目内。它还可以回答以下问题：项目将交付什么，将排除什么。

○ 项目范围管理活动包括规划范围管理、收集需求、定义范围、创建工作分解结构（WBS）、确认范围和控制范围。

○ 对于小型项目来说，这些活动将通过以下方式完成：

□ 识别对产品、服务或结果的要求；

□ 明确定义项目范围，并将其作为项目决策的依据；

□ 创建WBS；

□ 审查和批准项目交付成果；

□ 确定范围变更的影响，并在变更之前获得批准。

● **项目进度管理**"包括确保管理项目按时完成所需的各个过程"。

○ 项目进度管理允许项目经理决定项目何时完成。它回答了这个问题：我什么时候交付项目或项目工件。

○ 项目进度管理活动包括规划进度管理、定义活动、排列活动顺序、估算活动持续时间、制订进度计划、控制进度。

○ 对于小型项目来说，这些活动将通过以下方式完成：

□ 识别项目活动并按顺序排列；

□ 估算完成项目活动所需的工作量；

□ 制订项目进度计划；

□ 保持项目进度计划的时效性。

● **项目成本管理**"包括为使项目在批准的预算内完成而对成本进行规划、估算、预算、融资、筹资、管理和控制的各个过程"。

○ 项目成本管理可以让项目经理确定项目的成本，并回答以下问题：这个项目要花多少钱，谁来支付什么费用。

- 项目成本管理活动包括规划成本管理、估算成本、制定预算、控制成本。
- 对于小型项目来说，这些活动将通过以下方式完成：
  - 制定项目预算；
  - 管理项目预算。

- **项目质量管理**“包括把组织的质量政策应用于规划、管理、控制项目和产品质量要求，以满足干系人期望的各个过程”。
  - 项目质量管理使项目经理认识到项目的制约因素，即范围、时间、成本、质量等，以及各制约因素之间潜在的关系。它还回答了这样一个问题：我如何确保项目满足干系人的期望。
  - 项目质量管理活动包括规划质量管理、管理质量、控制质量。
  - 对于小型项目来说，这些活动通过以下方式完成：
    - 确定质量标准；
    - 确保项目交付成果符合质量标准。

- **项目资源管理**“包括识别、获取和管理所需资源，以成功完成项目的各个过程”。
  - 项目资源管理为项目经理提供指导，说明项目团队中应该有哪些人、需要哪些物质和团队资源。它回答了以下问题：我需要哪些人和哪些物质资源。
  - 项目资源管理活动包括规划资源管理、估算活动资源、获取资源、建设团队、管理团队和控制资源。
  - 对于小型项目来说，这些活动将通过以下方式完成：
    - 确定项目需要哪些物质资源和团队资源；
    - 确定项目角色和职责；

- 建设项目团队；
- 解决问题并消除障碍，使团队获得成功。

- **项目沟通管理**“包括为确保及时且恰当地规划、收集、生成、发布、存储、检索、管理、控制、监督和最终处置项目信息所需的各个过程”。
  - 项目需要与多个干系人持续互动。项目沟通管理为项目经理提供了在整个项目周期内进行有效和高效沟通的流程。它还回答了以下问题：我将与谁沟通，沟通多长时间，以何种方式与项目干系人进行沟通。
  - 项目沟通管理活动包括规划沟通管理、管理沟通、监控沟通。
  - 对于小型项目来说，这些活动可以通过以下方式完成：
    - 制定一个沟通矩阵；
    - 编写状态报告。

- **项目风险管理**“包括规划风险管理、识别风险、开展风险分析、规划风险应对、实施风险应对和监督风险的各个过程”。
  - 风险是计划外的事件。项目风险管理可以让项目经理更好地应对未知事件，并回答问题：有什么阻止项目成功的意外事件会发生。
  - 项目风险管理活动包括规划风险管理、识别风险、实施定性风险分析、实施定量风险分析、规划风险应对、实施风险应对、监督风险。
  - 对于小型项目来说，这些活动可以通过以下方式完成：
    - 定义如何管理风险；
    - 识别项目风险；
    - 分析项目风险；
    - 编制风险登记册；
    - 跟踪已识别的风险，并在项目进程中识别新的风险。

- **项目采购管理**“包括从项目团队外部采购或获取所需产品、服务或成果的各个过程”。
  - 项目采购管理为项目经理提供了管理合同的框架。它回答了以下问题：我如何获取组织外部的资源。
  - 项目采购管理活动包括规划采购、实施采购、控制采购。
  - 对于小型项目来说，这些活动可以通过以下方式完成：
    - 识别需外包的项目 / 资源；
    - 制订采购管理计划；
    - 与供应商签订合同；
    - 监控采购。
- **项目干系人管理**“包括用于开展下列工作的各个过程：识别影响或受项目影响的人员、团队或组织，分析干系人对项目的期望和影响，制定合适的管理策略来有效调动干系人参与项目决策和执行”。
  - 项目干系人是指对项目产生积极或消极影响或受项目影响的任何人。
  - 项目干系人管理可以让项目经理与干系人接触，确定如何管理不同的干系人群体，并回答这两个问题：谁是我的项目干系人，我如何让他们参与进来。
  - 项目干系人管理活动包括识别干系人、规划干系人管理、管理干系人参与、监督干系人参与。
  - 对于小型项目来说，这些活动可以通过以下方式完成：
    - 识别干系人；
    - 分析干系人；
    - 管理干系人的期望。

虽然项目管理知识领域适用于小型项目，但并不是所有的知识领域都必须应用到小型项目中，也不是每个小型项目都必须应用到项目管理知识领域。之所以将它们列入本书，是因为要成为小型项目管理专家，项目经理必须了解这些知识领域，知道哪些知识领域适用于小型项目、哪些知识领域可以省略，并根据项目自身情况进行定制化决策。

这些管理活动对于一个小型项目来说可能显得过于庞大，而且流程太多。但是不要担心，本书第二部分会对这些活动进行更详细的解释，而且你可以使用一些技巧和工具来使项目管理活动适应项目的需要。

3.3 领导小型项目

领导力推动变革。领导者就是走在别人前面或者和别人一起走，并为他人指明道路的人。领导者会在方向、路线、行动上指导团队。一个好的领导者有能力激励他人去完成目标。作为一个领导者，项目经理必须既要捍卫指挥的权威，又要激励和鼓舞项目团队。项目经理设定项目的总体方向，并允许团队成员在项目运行过程中提出意见。在困难时期，项目经理必须保持冷静，并能够提供解决方案，使项目回到正轨。

如今，项目经理的成功主要是领导力发挥了作用。领导一个项目需要权威、职责和责任，如表 3-2 所示。

表 3-2　权威、职责和责任的含义

权威	赋予个人影响或指挥他人行为的权力。在项目管理中，权威通常是由职位授予的
职责	为自己在项目管理中的角色行为负责
责任	对项目任务的结果负责

权威是以权力为基础的。对项目经理来说，权威可以基于职位获得，也可以通过影响力、知识、技能、人际交往能力、专长来获得。项目经理可以在项目范围内行使权力，并对项目的交付成果负责。责任意味着要接受成果所带来的后果。要做到对成果负责，项目经理必须有权力和职责或手段来影响成果。项目经理影响他人能力的一个关键因素是信任。

一个领导者需做到的事

- 能够创造和培养一种愿景。
- 能够将愿景转化为成功的实施。
- 有能力也有意愿在勇气和顾虑之间取得平衡。
- 有能力赋予他人权力。
- 能指导、影响他人并与他人合作。
- 展示能力和品格。
- 持续给予和宽恕。
- 有能力保持胜利的态度。
- 谦虚。
- 为团队服务。

领导力包括将一群人的努力集中到一个共同的目标上，并使他们能够作为一个团队工作。一般来说，领导力是带领他人完成任务的能力。尊重和信任，而不是恐惧和服从，是有效领导的关键要素。有效的领导力在项目的所有阶段都很重要，尤其是在项目的开始阶段，因为此时的重点是传达愿景，并激励和鼓舞项目参与者实现高绩效的产出。在整个项目中，项目经理负责建立和维护愿景，制定战略，沟通协调，培养信任，建设团队，影响、指导和监控项目，以及评估团队和项目的绩效。

用影响力来领导

- 以良好的人品赢得团队的信任和尊重。
- 了解自己，熟练地履行项目职责。
- 寻找解决方案，成为问题的解决者。
- 了解团队成员，努力与他们建立良好的关系；培养良好的沟通能力，快速响应项目干系人的要求。
- 指导项目干系人，为他们提供建议，解决眼前的问题。
- 引导和培养项目团队成员，然后将项目责任下放。

领导者并不是要有一个头衔，而是要有追随者。有一句谚语说：“如果你认为你在领导，却没有人跟随你，那么你只是在散步。”人们之所以会跟随你，是因为他们不得不跟随你，或者因为他们想跟随你。随着时间的推移，人们会开始看到你为他们和项目所做的事情，并会想要跟随你，然后他们会开始做更多的事情。

在现实中，大多数小型项目的项目经理必须基于影响力而不是权威来进行领导。影响力就是让别人参与的能力。要靠影响力来领导，项目经理必须精明能干，努力与项目干系人建立良好的关系，并建立信任。即使在一个小型项目中，领导力也会提高项目管理的成功率。

当你信任别人时，你对他们有信心，这代表你相信他们的诚信和能力。形成信任关系需要时间，因为信任需要对另一方足够了解和熟悉。信任是项目经理成为成功领导者的关键因素。当信任被破坏时，会严重影响业绩，而且可能不容易恢复。信任能够促进沟通和协调。信任的形成需要团队成员就其各自的角色、职责及项目目标达成共识。项目经理必须努力实现项目目标。

当信任被破坏时会发生什么

- 人们不再相信你。
- 你难以建立有意义的联系。
- 一旦失去，就很难重建。
- 减少了成功合作的机会。

关于领导力重要性的介绍有很多，但是，良好性格的重要性也值得一提。原因如下：

- 性格决定了一个人的行为；
- 性格是在任何情况下做正确事情的内在动力；
- 一个行为有效的领导者拥有良好的性格，并且每天都在努力培养这种性格。

重建信任

- 尊重他人。
- 始终诚实，信守承诺，说到做到。
- 每天的表现都要一致。
- 不要指责他人。
- 从双赢的角度考虑问题。
- 在谈话中全神贯注地倾听，不打断别人的话，并深思熟虑地做出回应，以此来表达对他人的关心。
- 给予人们成长或运用其专业知识的机会。
- 分享知识和专长，特别是经验教训。

你的性格决定了你是谁，你是谁决定了你的眼界，你的眼界决定了你会做什么，而你的所作所为决定了你影响他人的能力。

斯特拉塔（Strata）领导力公司的 Character Core（性格核心）提供了一份领导力特质清单，Character Core 将性格定义为“一个人在生活中所建立的品质，这种品质决定了当他面对事物时的反应。它也是一个人在任何情况下做正确事情的内在动力”。一个有影响力的领导者应具有良好的性格，而性格的培养每天都在进行。为了培养良好的性格，项目经理应强调良好行为的重要性。项目经理应适当处理团队成员的不良行为，并应该经常表扬展现出优良品格的团队成员。

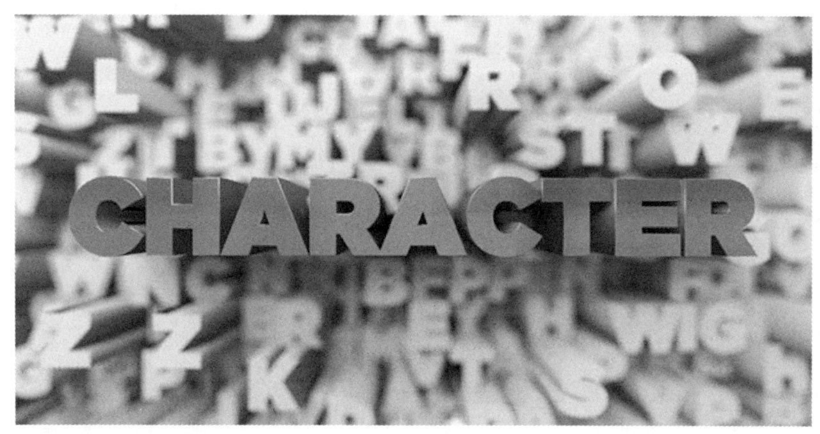

对于一个领导小型项目的项目经理来说，性格的培养是必不可少的。一个培养良好性格的好方法，就是从培养斯特拉塔领导力公司为项目管理者量身定做的36种性格品质开始。以下是对36种性格品质如何被应用于项目管理的描述。

- 警觉性——了解项目和项目干系人正在发生的事情，以便你能做出适当的反应。
- 专注度——专注项目干系人的需求和项目活动。
- 可用性——让你的日程安排和优先级能够满足项目团队的需求。
- 谨慎——花时间确保采取正确的决策和行动来满足干系人的期望。
- 同情心——尽一切可能帮助项目干系人。
- 合作——了解项目参与者的需求并与他们进行有效的合作。
- 勇气——通过了解期望、说并做对项目来说正确的事情来克服恐惧。
- 创造力——从新的角度审视和探索一种需求、一种活动或一种想法。

- 决断力——具有识别关键因素、处理信息和做出困难决定的能力。
- 可靠性——即使面临困难，也要履行项目承诺。
- 决心——克服障碍，努力在正确的时间完成项目目标，忽视反对意见。
- 勤奋——集中力量完成项目。
- 纪律——选择有助于实现项目目标的行为方式。
- 耐力——能够承受压力并拥有做到最好的内在力量。
- 热情——尽最大努力表现出对每项活动的兴趣。
- 灵活性——根据项目主要干系人的指示调整计划，同时保持良好的态度。
- 宽恕——澄清他人对你的成见，释放他们的怨恨。
- 慷慨——精心管理资源，这样就可以自由地将资源给予那些需要的人。
- 感恩——向项目干系人表示感谢，感谢他们为项目提供的支持。
- 诚实——言行一致。
- 谦逊——承认成就来自他人对项目的投资。
- 主动性——在你被要求做事情之前，要认识到你需要做哪些事情并且去做。
- 忠诚——对项目干系人做出承诺。
- 有序性——通过组织你的思想和环境来提高效率。
- 耐心——花时间去解决项目中存在的困难。
- 说服力——有效地与项目干系人沟通，让他们更好地理解项目需求。
- 积极性——即使你在项目运行中遇到困难，也要保持良好的态度。
- 守时——在正确的时间做正确的事情，以此表示对他人的尊重。
- 韧性——从逆境中恢复的能力。
- 尊重——以荣誉和尊严对待项目干系人。
- 责任——知道并做公司期望的事情。

- 真诚——以透明的动机做正确的事。
- 彻底性——处理必要的项目细节。
- 宽容——尊重与你观点不同的项目干系人。
- 可靠性——通过展示可靠性来赢得项目干系人的信任。
- 智慧——从实际应用项目中吸取经验教训。

这并不是一个包罗万象的性格特征清单，它只是强调了一些重要的领导力的特征，它们会随着时间的推移而发展。

3.4 管理和领导一个项目

作为一名项目经理，你应该管理项目进程并领导他人。

- 项目经理应通过制订计划并保持计划的时效性来计划、组织、指导和控制项目活动，还需理解并适当地响应项目干系人的需求，管理进度、预算和风险，解决问题，以及制作项目状态报告。这些都是对成功至关重要的常规活动。
- 领导需要与人互动。项目经理必须掌握权威，并能激励和鼓舞他人。项目经理确定项目的总体方向，并允许团队成员在项目运行过程中提出意见。在困难时期，项目经理必须保持冷静，并能够提供解决方案，使事情回到正轨。作为领导者，项目经理应该制定项目愿景，设定项目的方向和节奏，指导和授权项目团队，促进与所有项目干系人的沟通，并展现出良好的性格品质。

为了有效地管理和领导项目，项目经理必须具备沟通、促进、解决问题和做出决策的能力。

好的项目经理和差的项目经理

- 一个好的项目经理会倾听团队的意见，允许团队成员开展项目活动，及时做出决策，并针对团队的成功给出奖励。
- 一个差劲的项目经理只关心自己，不回应团队的需求。一旦项目出了问题，他就责怪团队；而如果团队成功了，他就把所有的功劳都揽到自己身上。

3.5 管理和领导简单项目

简单项目既需要管理，也需要领导，但是，在这些活动上所花费的时间以及如何进行这些活动是基于完成项目所需的工作量。项目经理应该始终了解项目目标，定义项目范围，计划项目活动，管理项目资源，并与关键项目干系人沟通。短期项目不需要那么正式的流程。

场景

肯尼很清楚流程和人的重要性。只要掌握了这些知识，他就能很好地平衡两者的关系。肯尼将利用《PMBOK® 指南》中的 10 个知识领域，为他的项目提供项目管理基础。领导力，尤其是良好的品格，对于与项目干系人的互动来说尤为重要。

肯尼已经准备好将他对项目的想法记录下来。

第 4 章

项目前活动

项目管理过程在项目被定义和批准后开始。但是一个项目是如何开始的？项目通常从项目发起人开发业务文档开始，其中包括项目商业案例和项目收益管理计划。你可以为小型项目定制这两个文档。但是对于简单项目，你可以使用工作说明书来定义项目。在项目被定义之后，再创建一个待批准的项目请求。

如果你的项目不需要业务文档，那么你至少应该编制一份工作说明书或创建一个项目请求。如果你有机会确定在什么情况下可以作为一个项目来处理，那么你同样应该使用项目请求。

无论使用何种文档来定义项目，你都应该定义项目成功的标准。项目完成后，可交付成果是什么样的？你怎么知道项目什么时候完成？

4.1 商业文件

商业文件能够确保商业需求得到传达，从而使项目经理能够找到适当的项目实施方法，以确保项目干系人参与并了解业务期望。关键商业文件包括项目商业案例和项目效益管理计划。

项目商业案例

项目商业案例描述了项目实现收益的可行性。它列出了项目启动的目标和原因。项目商业案例包括商业需求、状况分析、建议及如何评估收益实现的声明。

项目效益管理计划

项目效益管理计划描述了何时、如何交付项目的效益，以及如何衡量这些效益。

场景

博尼塔（Bonita）是会计部门的分析师，负责监督会计软件的安装升级，并为使用会计软件的员工提供培训。贾丝明（Jasmine）是会计部主任，也是项目发起人。

博尼塔考虑了项目从哪里开始的问题。她决定项目的第一步是得到一份商业文件的副本。

4.2 工作说明书

当你确定存在商业需求或机会时，项目前活动就开始了。商业需求或机会可能基于市场需求、技术进步、法律要求、政府监管或环境因素。对于小型项目来说，你或组织中的某个人可能会基于技术或流程的变化来定义商业需求。小型项目通常不需要商业案例。但是，如果小型项目需要一个商业案例，那么商业需求或机会将与成本效益分析一起包含在商业案例中。

除了定义商业需求之外，你还需要描述产品范围。产品范围描述了项目将要创建的产品、服务或结果的特征。产品范围描述应指明其与团队正在创建的任何其他产品、服务或结果的关系。它还应参考项目将要解决的商业需求或机会的内容。你需要明确项目范围内的内容和范围外的内容，每个人都应就产品范围包括哪些内容、不包括哪些内容达成一致意见。

工作说明书的最后一个组成部分是战略计划调整。项目是组织实现其战略目标的一种手段。小型项目也需要与组织的战略愿景、目标保持一致。通过调整战略计划，确保项目有助于实现组织的目标。商业需求或机会、产品范围描述和战略计划调整都包含在你的工作说明书中。这是你的项目请求的输入。

项目请求

项目请求的目的是记录商业需求、描述产品范围，并概述潜在的项目。个人或部门通过完成项目请求并获得批准来赢得项目，然后将项目请求提交给决策者或委员会。

决策者将决定是否继续开发这个项目。除了批准项目外，决策者还可以确定项目优先级，并说明项目何时可以开始。

项目请求包括以下内容。

- **业务信息**
  - 业务领域——确定申请项目的组织或部门。
  - 商业需求或机会——确定此项目为什么重要以及它如何支持业务目标。
  - 连接到战略目标——确定该项目支持的战略目标。
  - 客户——识别项目的最终用户。

- **项目描述**
  - 目标——陈述项目将实现的目标。项目目标支持商业需求或机会。目标应该是明确、可测量、可实现、现实和有时限的。
  - 范围——确定项目中包含的内容。
  - 预计完成日期——提供对项目完成时间的高水平预估。
  - 初步资金估算——提供对项目成本的高水平估算。
- **项目信息**
  - 假设——出于规划目的，被认为是正确、真实、确定的因素。假设是项目成功必须发生的事件或条件，但此时它们并不是确定的。清楚而简洁地陈述假设，可以让每个人都知道项目请求所基于的前提。
  - 问题——识别出有问题或有争议的观点和事项，或尚未解决、正在讨论、存在对立意见和分歧的观点及事项。
  - 风险——识别任何不确定的事件或条件，如果发生，将对项目目标产生积极或消极影响。
  - 验收标准——解释你将如何知道项目是完整、成功的。

场景

博尼塔做出了正确的决定。她能够使用商业文件作为创建工作说明书和项目请求的起点。完成后，博尼塔将这些文件提交给项目发起人贾丝明进行审批。

项目实例

杰克逊项目管理集团（JPMG）是一家提供各种项目管理服务的咨询公司。创始人兼总裁费伊·杰克逊（Faye Jackson）坚持认为，她的组织应该使用项目管理最佳实践。该组织今年的战略目标之一是通过实施项目管理流程和向 JPMG 顾问提供项目管理培训来提高业务效率和质量。费伊要求新成立的培训机构的负责人玛丽·威利（Mary Willie）提供一份潜在的项目管理课程清单以及课程描述。

玛丽列出了10门可能开设的课程，其中，入门级2门，中级3门，高级5门。玛丽编制了一份工作说明书，如图 4-1 所示。

工作说明书

需求日期	项目名称	
20×× 年 1 月 21 日	项目管理培训	
项目发起人	**准备者**	**项目类型**
玛丽·威利	玛丽·威利	小型

业务信息

业务领域
项目管理培训部
商业需求
通过项目管理培训，确保项目管理方法的一致使用，并演示如何有效和高效地使用项目管理流程、工具及技术
项目范围描述
开发和提供 10 门项目管理课程：2 门入门级课程、3 门中级课程、5 门高级课程
连接到战略目标
通过实施项目管理流程和提供项目管理培训来提高运营效率和效果

图 4-1　工作说明书

场景

费伊对课程描述和工作说明书印象深刻，她决定从一门初级课程开始，这门课程叫作项目管理概述。她希望从今年第三季度开始向公众提供第一门课程。费伊要求玛丽赞助课程的开发，并指派一位企业主来开发项目请求。玛丽指派培训主任伊薇特·贝内特（Yvette Bennett）担任企业负责人。项目请求如图 4-2 所示。

项目请求

需求日期	**项目名称**	
20×× 年 1 月 21 日	“项目管理概述”课程	
项目发起人	**准备者**	**项目类型**
玛丽·威利	伊薇特·贝内特	小型

业务信息

业务领域
项目管理培训部
商业需求
通过项目管理培训，确保项目管理方法的一致使用，并演示如何有效和高效地使用项目管理流程、工具和技术
连接到战略目标
通过实施项目管理流程和提供项目管理培训来提高运营效率和效果
客户
培训部门

图 4-2 项目请求（a）

项目描述

目标
从 20×× 年第三季度开始，开发一个可向公众开放的初级项目管理课程
范围
项目范围包括为主讲人和学员提供课堂培训材料。培训需要一个综合的解决方案，但是，解决方案必须与现有的技术配合使用 超出范围：购买新技术
预计完成日期
20×× 年 5 月 31 日
初步资金估算
培训预算 10 万美元

项目信息

假设
开发课程材料不需要外部资源。综合的解决方案将与现有的技术配合使用
问题
目前没有
风险
现有的技术可能不支持综合的培训解决方案
验收标准
课程材料由试点小组批准

批准 项目发起人：____________________ 企业负责人：____________________

图 4-2　项目请求（b）

项目成功的度量

你如何定义项目成功？传统上，项目成功的衡量标准是从范围、时间、成本和质量几个方面考虑的。在《PMBOK® 指南》（第 6 版）中，PMI 解释了要取得项目成功应考虑项目目标的实现，项目干系人对项目成功的理解可能除了满足范围、时间、成本和质量的项目度量标准之外，还包括实现项目交付的收益、满足财务和非财务度量标准、实现客户满意度或其他商定的成功度量标准。特别是小型项目，项目度量标准可能不是驱动因素，讨论项目成功的标准才是更为重要的。你需要考虑的关键问题如下。

- 项目完成后，成功的项目会是什么样子？
- 哪些因素可能影响成功？
- 项目交付的预期收益是多少？
- 应该使用什么标准来评估成功？
- 客户的期望是什么？

第二部分

小型项目管理过程

第5章

过程概述

项目管理方法论提供了管理项目的结构和规则。使用这种方法可以增加项目成功的概率。为了更加有效地管理小型项目，你应该使用专门为小型项目设计的方法。本书作者创建的小型和简单项目管理（Small and Simple Project Management，SPM）方法论提供了管理小型项目的框架、流程、工具和技术，并且可以为简单项目进一步定制。

除了项目管理方法论之外，项目还需要一个可以明确项目生命周期的方法。项目管理方法论和项目生命周期方法论共同为完成项目提供了支持。

5.1 项目生命周期

《PMBOK® 指南》（第6版）将项目生命周期定义为："一个项目从开始到完成所经历的一系列阶段。"这些阶段通常是连续的，它们的名称和编号由参与项目的组织对管理和控制的需求、项目的性质及其应用领域所决定。这些阶段可以按功能或部分目标、可交付成果、里程碑、财务可行性进行细分。例如，增强现有软件应用程序的项目生命周期包括启动和计划、定义、需求分析、设计、构建

/ 构造、测试、开始实施和实施后。

项目生命周期为管理项目提供了基本框架。阶段提供了管理控制，因为每个阶段定义了应该做的工作及产生的一个或多个可交付成果，这些成果将传递给下一个阶段。更具体地说，项目生命周期定义了每个阶段所需的技术工作、何时生成可交付成果、有哪些参与人员以及如何控制工作。它还为项目提供了评审点，这样就可以做出通过或不通过的决定。

小而简单的项目管理方法

- 专为小型项目设计，因为大型项目管理方法对于小型和简单项目来说过于烦琐。
- 包含易于使用的模板。
- 融入领导活动。
- 提供分步程序。
- 包含过程指南，便于参考。

其他项目生命周期

其他项目生命周期或项目方法包括：

- 教学设计过程；
- 网页设计；
- 流程改进；
- 项目外包。

阶段的结束通常以一个里程碑为标志，它表明发生了一个重大事件。当一个阶段结束时，你可以利用这个时间来回顾前一阶段的工作，并确定是否需要对工作方法进行调整。一个阶段的结束也是召开经验教训总结会议的好时机。

小型项目通用的项目生命周期如图 5-1 所示。

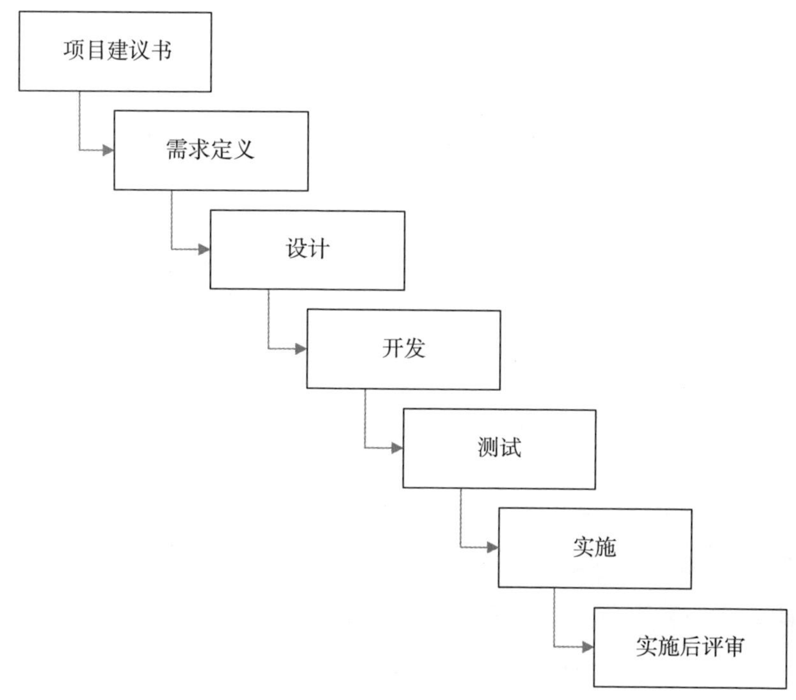

图 5-1　小型项目通用的项目生命周期

这些阶段通常很短，有些阶段可以合并或规划。更多相关的详细信息请参阅本书第 7 章和第 8 章。

《PMBOK® 指南》（第 6 版）为那些不太熟悉项目细节的人提供了通用的项目生命周期结构。通用的项目生命周期如下：

- 项目前工作；
- 启动项目；
- 组织和准备；

- 开展项目工作；
- 完成项目。

对项目经理来说，理解项目生命周期是很重要的，因为项目生命周期定义了项目将交付什么。一般的项目生命周期可用于大多数小型项目，因为大多数小型项目不是特定于某个行业的，不需要特定的方法。如果一个小型项目有一个确定的方法，那么应该使用这个方法。本书不讨论与项目生命周期或产品交付相关的具体细节，因为细节因项目而异。关于项目生命周期或可交付成果的项目管理的内容，本书保持不变。本书的重点是探讨如何产生标准的可交付成果。

5.2 可交付成果

《PMBOK® 指南》（第 6 版）将可交付成果定义为“为完成过程、阶段或项目而必须生产的任何独特且可验证的产品、结果或执行服务的能力”。可交付成果有两种类型：最终可交付成果和临时可交付成果。最终可交付成果交付给客户，临时可交付成果是创建最终可交付成果过程的一部分。例如，项目可能需要程序手册作为最终可交付成果，而程序手册的各个章节或草稿是临时可交付成果。

项目可交付成果包括产品或服务的可交付成果和项目管理的可交付成果，如项目管理计划和项目文件。项目管理计划是一份正式、经批准的文件，规定了如何执行和监控项目。它可以是摘要，也可以是详细的文件，可以由一个或多个附属管理计划和其他规划文件组成。项目文件用于协助项目经理管理项目，但并不属于项目管理计划。

大多数小型项目都可以使用可交付成果进行管理。项目经理可以计划和控制项目进度，以便在相应的任务级别进行交付，这是大多数项目通常运用的管理方式。只有当额外的细节提高了项目经理监控项目活动的能力时，才能添加任务。

否则，项目经理只使用最终可交付成果和临时可交付成果来调整过程和工具，以满足项目的需要。本书第7章和第8章详细介绍了如何使用可交付成果进行管理。

5.3 小型项目管理过程

有效的项目管理是基于描述、组织和完成项目工作的可重复的过程。小型项目可以得到有效的管理，尽管它们不像大型项目那样需要太多正式的手续，但还是建议采用某种形式的项目管理原则。我们需要的是一个专门为小型项目设计的过程。将为大型项目设计的过程应用于小型项目可能比不使用过程更糟糕。

SPM 过程概述

过程是一组由输入、工具、技术及输出组成的相互关联的行为和活动，它们是一组为实现预先指定的产品、结果或服务而设定的活动。SPM 过程是专门为小型项目设计的，可以针对简单的项目和任务进行调整的过程。一个好的过程是可持续的，可以应用于所有项目。《PMBOK® 指南》（第 6 版）中定义的过程组件如图 5-2 所示。

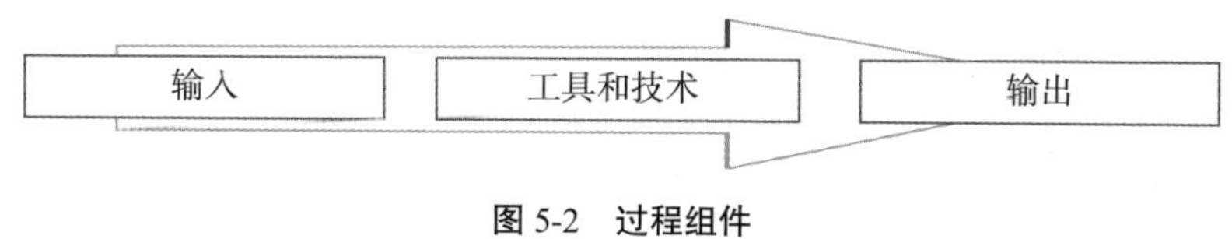

图 5-2　过程组件

- **输入**——开始一个过程所必需的、来自项目内外的任何事物，可以是前一过程的输出。
- **工具**——在创造产品或成果的活动中所使用的某种有形的东西，如模板或软件。
- **技术**——人们在执行活动以生产产品、取得成果或提供服务的过程中所使用的经过定义的系统化程序，其中可能用到一种或多种工具。

- **输出**——某个过程所产生的产品、结果或服务，可能成为后续过程的输入。

需要注意的是，要使过程对小型项目有效，它必须具有可伸缩性和适应性。它应该是可伸缩的，以便项目管理过程的复杂程度、使用过程所花费的时间以及过程的焦点都能满足项目的需要；它还应该具有适应性，以便你可以很容易地应用你所选择的支持项目的工具。工具和技术是灵活的，但过程是不变的。

SPM 过程的重点在可交付成果上，即重点在模板和检查表上。过程指南使流程可见并易于遵循。你可以在本书第 6 章至第 10 章中找到过程指南。

项目管理过程描述

SPM 过程定义了组建项目所需的整个项目管理生命周期内的过程组。它解释了项目任务如何在项目管理过程组之间移动，如何确定执行工作的特定任务，以及采取什么措施来完成工作。有些方法将过程组称为阶段、模块或步骤。我们使用术语“过程组”来表示项目管理活动的特定集合。

《PMBOK® 指南》（第 6 版）中的过程组包括以下几种。

- **启动过程组**——通过获得启动项目或阶段的授权，为定义新项目或现有项目的新阶段而执行的过程。
- **规划过程组**——确定项目范围、细化目标和确定实现项目目标所需的行动过程。
- **执行过程组**——完成项目管理计划中确定的工作，以满足项目需求的过程。
- **监控过程组**——跟踪、审查和调整项目的进展与绩效，识别必要的计划变更并启动相应变更的过程。

- **收尾过程组**——正式完成或结束项目阶段或合同所执行的过程。

以下是 SPM 过程摘要。每个阶段将在之后的章节中详细说明。四个项目管理过程组如下。

- **启动过程组**——启动项目所进行的各项活动，包括启动过程定义并授权项目（见第 6 章）。
- **规划过程组**——包括详细定义项目并确定如何实现项目目标等各项活动（见第 7 章和第 8 章）。
- **监控过程组**——包括实施项目活动、测量、监控进度，以及必要时采取纠正措施等各项活动（见第 9 章）。
- **收尾过程组**——包括结束项目的各项活动（见第 10 章）。

SPM 过程与《PMBOK® 指南》（第 6 版）保持一致，只是为了简单起见，本书将执行、监控、控制的过程组进行了组合。图 5-3 显示了该过程的工作原理。

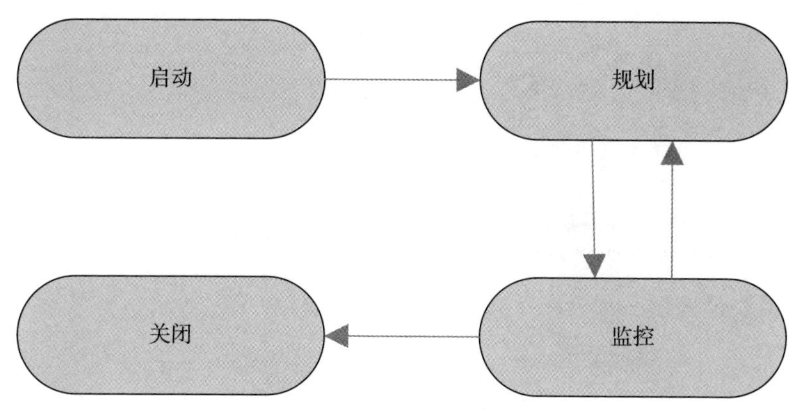

图 5-3　SPM 项目管理流程

《PMBOK® 指南》（第 6 版）在项目管理领域的地位非常高，它制定了优秀实践的一套标准，因此了解 SPM 过程组及其与《PMBOK® 指南》（第 6 版）过程组的区别非常重要。另外，正如前面所说，为了从小型项目管理过渡到较大型的项目管理，需要更多的过程。

区分项目生命周期和项目管理过程是很重要的。项目生命周期是线性的，定义了每个阶段的可交付成果；项目管理过程是为了定义完成工作而发生在各阶段的活动，并且在一个阶段内可重复进行。项目生命周期和项目管理过程虽然是截然不同的两个概念，但它们在项目管理中却是相辅相成的，并贯穿于整个项目管理过程中。

5.4 PALM原则

前面讨论的SPM过程是为小型项目设计的，但有时它对即时项目需求来说，过程还是太多了。PALM原则（如图5-4所示）是SPM过程的一个组成部分，用于不需要太多管理流程的简单项目。依据PALM原则，任何必要的SPM过程文档都可以拿来使用。

（Plan）计划项目活动

（Analyze）分析情况并提出问题

（Lead）领导项目活动

（Monitor）监控进度和资源

图5-4　PALM原则

- 计划项目活动。经常性地花时间思考需要完成什么、谁参与其中，以及完成工作的时间规划。
- 分析情况并提出问题。使用必要的项目管理工具，以做出正确的决策。

- 领导项目活动。启动与项目干系人的沟通模式，确保你的项目得到应有的关注。
- 监控进度和资源。

PALM 原则上要求文档最小化，并且更专注于行动。你对如何处理一个简单项目的态度将决定其他人如何支持你的工作。

领导力

项目经理负责领导项目团队。根据之前对小型项目的定义，小型项目通常由小团队组成。项目经理与项目团队必须做的第一件事就是沟通将在项目中使用的过程。过程必须在项目开始时确立，并被团队所理解。

项目经理应做到以下几点：

- 确定项目需要哪几个过程，以及哪些工具和技术是合适的；
- 使项目管理过程易于理解并可见；
- 了解项目生命周期，并将必要的管理过程整合到项目生命周期内；
- 理解并尊重项目的各个角色及其责任；
- 与项目干系人建立联系；
- 建立并维护与团队及项目干系人的信任。

过程成功的关键

过程成功的关键包括：

- 记住每个项目都是独特的，要根据项目特点裁剪管理过程以适应项目；

- 确保每个项目使用适当数量的过程，如果一开始用得太多或太少，要有足够的灵活性进行必要的调整；
- 将过程指南放在手边，以便快速参考；
- 将项目管理过程与产品开发过程相结合，以提高效率；
- 引导其他项目经理开始在小型项目中使用项目管理方法。

第 6 章

启动

一个好的开端对项目至关重要。在启动过程中，项目经理通过定义项目的目标、范围、假设、约束和风险因素来快速了解项目。在此阶段同样重要的是，项目经理要增进与项目发起人的关系、讨论对项目管理的期望。即便小型项目也有独特的项目管理需求，例如，通过确定干系人的管理需求，项目经理可以确保所有干系人在整个项目期间适时参与。启动过程中要明确项目责任并授权项目使用组织资源。

小型和简单项目管理（SPM）过程假定已经做出启动项目的决定、人员配备已获批准、项目资金已经到位、项目经理已被任命，并且项目请求、需求概述和项目建议书等项目论证文件也已完成。简单项目则不需要这么正式——启动活动在任务下达那一刻就可开展。

6.1 启动过程概要

《PMBOK® 指南》（第 6 版）中将启动过程组定义为包括“定义一个新项目或现有项目的一个新阶段，授权开始该项目或阶段的一组过程”。总之，启动过程中的活动是为启动项目而开展的。

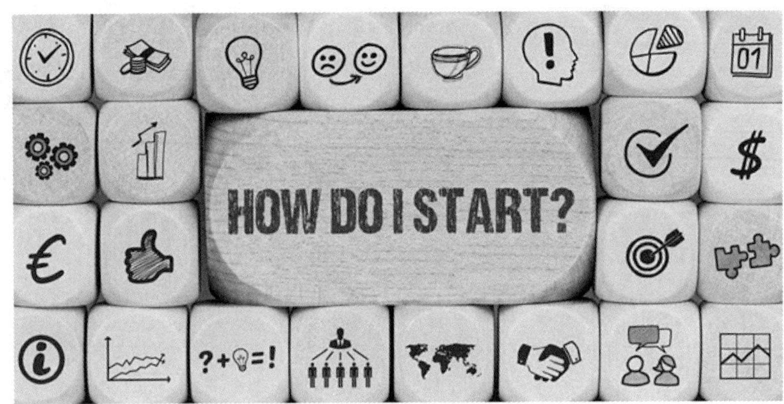

项目经理在被任命后要做的第一件事就是获取项目论证文件并识别项目干系人。然后，项目经理访谈项目发起人和其他干系人，收集制定项目章程所需的信息。项目章程为项目经理获取规划项目所需的附加信息提供了依据。项目经理起草项目章程，并与项目发起人、客户共同审查，确保达成一致。在启动过程结束时，项目经理应已做好规划项目的准备。

6.2 启动过程步骤

启动过程包含以下步骤：

（1）获取项目论证文件；

（2）识别项目干系人；

（3）访谈项目发起人和其他干系人；

（4）起草项目章程；

（5）识别假设和制约因素；

（6）与干系人一起审查项目章程；

（7）获得项目发起人的批准并开始规划项目。

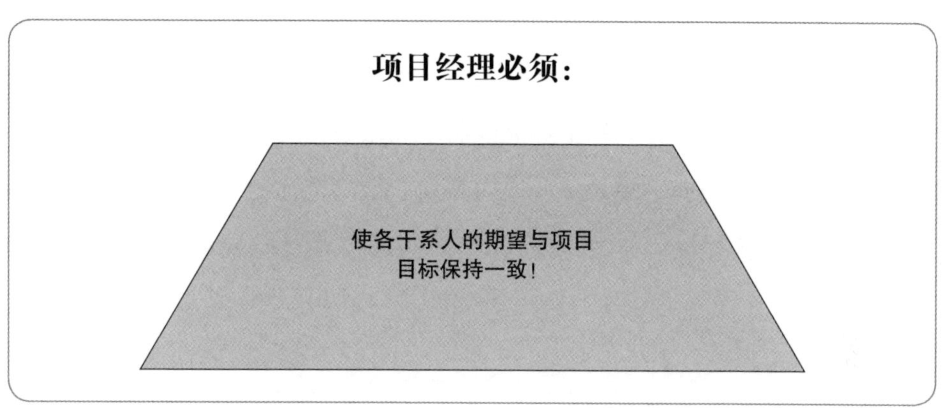

项目经理必须：
使各干系人的期望与项目目标保持一致！

第 1 步：获取项目论证文件

项目经理应获取所有的项目论证文件。项目论证文件包括但不限于项目的商业论证、效益管理计划、工作说明书和项目请求。这些文件因组织中项目的筛选和审批原则而异。审批原则可能包括根据项目审批委员会以及项目类型对项目进行归类。项目类型应包含在项目章程中，因为项目审批委员会在稍后确定项目优先级时会用到项目类型。许多小型项目只是作为任务下达，并没有经过项目筛选。在这种情况下，项目经理应获取可提供项目背景信息的所有文件。

第 2 步：识别项目干系人

项目经理需要识别项目干系人——可能影响项目决策、活动或结果的个人、群体或组织，以及会受项目决策、活动或结果影响的个人、群体或组织。项目经理应识别和记录项目干系人的利益、参与度和影响力。对每个干系人保持适度关注非常重要，这样可以对干系人的期望进行相应的管理。

项目发起人是关键的项目干系人，与项目经理分担项目成败的责任。项目发起人拥有项目的最终验收权限，并且往往是小型项目的关键决策者。其他项目干系人可能包括主要客户、次要客户和项目团队。

第 3 步：访谈项目发起人和其他干系人

项目经理应开始建立与项目干系人的人际关系。随着这些关系的建立，项目经理应逐步建立信任、理解干系人的需求和期望。仅仅了解干系人的需求和期望还不够，项目经理必须对这些需求和期望做出恰当的响应。对项目经理来说，与项目干系人建立坚实的信任基础至关重要。关于信任的更多讨论请参见第 3 章。

信任

建立信任的方法有：

- 实话实说；
- 言出必行；
- 保持信心；
- 展现能力。

启动阶段的一项关键活动是信息收集。项目经理必须确定干系人的需求并澄清他们的期望。这是识别干系人真实需求的时刻。项目经理应与具有专家判断力的人交谈，也就是说，要从技术和业务主题专家那里获取信息。收集信息的方法包括审查现有文档，进行访谈、问卷调查，观察当前的操作。项目经理在完成信息收集过程之后，应记录信息并与项目干系人共享。

第 4 步：起草项目章程

项目章程包含项目描述，并可作为发起人和项目经理之间的协议。项目经理根据项目发起人的指示和客户的意见起草项目章程（项目章程的组成部分将在下一节讨论）。

第 5 步：识别假设和制约因素

假设是“在规划过程中不需要验证即可视为正确、真实或确定的因素”。制约因素是对项目或过程的执行有影响的限制性因素。假设日志是在整个项目生命周期中用来记录所有假设条件和制约因素的项目文件。项目经理应该在项目启动阶段就开始识别及跟踪假设和制约因素。

第 6 步：与干系人一起审查项目章程

项目经理将项目章程的初稿发送给关键干系人，以获得反馈并建立共识。项目经理收到反馈意见后，更新项目章程并传达给相应的项目干系人，以获取他们的支持。

第 7 步：获得项目发起人的批准并开始规划项目

启动过程的最后一步是获得项目发起人的批准。在所有关键干系人审查完项目章程并提出反馈意见后，项目经理将项目章程提交给项目发起人。如果项目发起人批准项目章程，项目经理就可以开始规划项目活动。

6.3 项目章程

项目经理根据项目发起人的意见起草项目章程。项目章程的目的是授权项目经理在项目活动中使用组织资源。项目章程明确项目与组织正在进行的工作的关系，以及项目目标与组织战略目标之间的联系。对于小型项目，项目章程需明确项目目标与业务部门目标之间的联系。

项目章程是 SPM 过程最重要的文件之一。它明确了项目目标、界定了项目范围，在整个项目开展期间，项目章程对于避免项目范围蔓延具有参考价值。一份已签署的项目章程意味着签名各方就所涉及的工作以及为交付产品、服务或成果所承诺的资源达成一致意见。小型项目的项目章程应该由项目发起人、客户和项目经理共同签署。

根据项目的规模，启动过程中的可交付成果可以是标准版本的项目章程或精简版本的项目章程，这两个版本的项目章程在本章中都有介绍。

项目章程

项目章程具有以下功能：

- 正式认可项目；
- 记录商业需求；
- 获得发起人批准；
- 作为范围变更的依据；
- 明确项目目标与业务部门目标之间的联系。

项目章程的组成

项目章程包括以下内容。

- **项目描述**
  - 背景信息——概述项目的目的和项目将支持的业务目标。
  - 项目目标——说明项目要实现的目标。项目目标定义了业务需要或机会，并应该符合 SMART 原则，即明确的（Specific）、可衡量的（Measurable）、可达成的（Attainable）、切实的（Realistic）和有时间限定（Time-bound）的。

  - 项目范围——通过说明要做什么以及不要做什么来明确项目的边界。
  - 范围内——识别本项目中包含的工作。
  - 范围外——识别已知不属于本项目的工作（即排除在外的工作）。
  - 项目预算——识别本项目所需资金和资金来源（若适用）。
  - 里程碑摘要——里程碑是项目中的重要事件。确定里程碑及各里程碑的开始或完成时限。这里的时限是预估的，具体日期将在规划阶段确定。

- **项目信息**
  - 高层级的可交付成果——列出作为项目的一部分所需要完成的主要可交付成果。
  - 假设——假设是出于规划目的而被视为正确、真实或确定的因素。只有这些事件发生、条件成立，项目才能成功，但目前所有这些还不确定。简洁清晰地说明各项假设，能够让每个人都知道项目章程的假定和前提。
  - 制约因素——制约因素是对项目绩效或活动安排时间有影响的限制性因素。
  - 技术决策——识别可能影响项目的技术决策。
  - 对其他项目的依赖——识别与其他项目的关系。
  - 整体项目风险——识别那些如果发生会对项目产生消极或积极影响的不确定事件或条件。这也可以用于记录项目的风险级别。

- **关键项目干系人**
  - 项目发起人——确定对项目负有最终责任的人。
  - 项目经理——确定项目经理及其职责。

  - 其他项目干系人——列出其他项目干系人，包括客户或最终用户。
  - 核心团队成员——确定关键团队成员。

- **支持信息**
  - 业务流程影响——注意是否需要改变现有的业务流程，或者是否需要开发新的业务流程。
  - 验收标准——解释如何判别项目是完整和成功的。

- **项目章程的批准**
  - 项目发起人。
  - 客户。

项目章程范例

作为项目管理培训项目（见第 4 章）的项目经理，西蒙尼·刘易斯（Symone Lewis）审查了项目论证文件，其中包括工作说明书和项目请求。然后，她识别了项目干系人，并安排了一次项目章程的讨论会议。在会议期间，西蒙尼与项目干系人交流，获得了高层级的可交付成果、假设、制约因素和已知风险等信息。然后，西蒙尼制定了项目章程（见图 6-1）和假设日志（见图 6-2）。

西蒙尼将项目章程告知项目发起人伊薇特·贝内特，并获得了批准。西蒙尼现在做好了开始规划活动的准备。

项目章程

<table>
<tr><th colspan="2">项目编号</th><th colspan="2">项目名称</th></tr>
<tr><td colspan="2">S107</td><td colspan="2">“项目管理概述”课程</td></tr>
<tr><th>编写者</th><th colspan="2">日期</th><th>项目类型</th></tr>
<tr><td>西蒙尼·刘易斯</td><td colspan="2">20××年1月21日</td><td>小型项目</td></tr>
</table>

项目描述

背景信息——项目目的
杰克逊项目管理集团（JPMG）计划于今年晚些时候开始提供项目管理培训课程。为此，他们成立了一个培训部门来开发和交付培训课程。“项目管理概述”将是第一门课程
项目目标
开发一个初级项目管理课程，并于20××年第三季度向公众提供该课程
项目范围
● 范围内：面向讲师和学员的课堂培训材料 ● 范围外：面向公众基于Web的培训解决方案和课程交付
项目预算
10万美元的培训预算

项目信息

高层级的可交付成果
学员手册、讲师手册、幻灯片演示、案例研究
里程碑摘要
● 需求定义完成　一季度 ● 教学设计完成　一季度 ● 课程开发完成　二季度 ● 试点开始　二季度 ● 课程材料定稿　二季度
假设
● 开发课程材料不需要外部资源

图6-1　项目章程(a)

制约因素
• 必须有 JPMG 顾问能够参与试点 • 必须及时完成课程材料，用于第三季度的交付
技术决策
本项目不包含任何新技术
对其他项目的依赖
无
整体项目风险
现有技术可能不支持混合培训解决方案

关键项目干系人

项目发起人
JPMG 培训副总裁玛丽・威利
业务负责人
JPMG 培训主管伊薇特・贝内特
项目经理
西蒙尼・刘易斯
其他项目干系人
JPMG 总裁费伊・杰克逊
核心团队成员
教学设计师、培训师、行政助理、JPMG 顾问

支持信息

业务流程影响
无
验收标准
课件被试点团队批准

审批 项目发起人：________________________ 业务负责人：________________________

图 6-1　项目章程（b）

假设日志

序号	A/C	类别	假设 / 制约因素	责任方	截止日期	行动	状态	备注
1	A	资源	开发课程材料不需要外部资源	西蒙尼·刘易斯	20××年2月14日		有效	
2	C	资源	必须有JPMG咨询师能够参与试点	瑞秋·汤普森	20××年4月1日		有效	
3	C	交付	必须及时完成课程材料，用于第三季度的交付	凯莱布·莱特	20××年6月30日		有效	

注：A——假设，C——制约因素。

图 6-2　假设日志

精简版项目章程的组成

简化的项目章程，在本书中被称为精简版项目章程，可用于简单项目，例如，没有财务影响的短期项目。对于简单项目，启动过程应该是快速的。项目经理准备好项目章程，并与项目发起人和客户一起审核，以确保达成一致。此时达成的一致是非正式的，通常是口头上的；但是，项目经理最好提供一份项目章程的副本给项目发起人和客户作为记录。在启动过程结束时，项目经理已做好规划项目的准备。

精简版的项目章程包括以下内容。

- 项目目标——说明项目要达成的目标。项目目标定义了商业需求或机会。
- 项目干系人——识别积极参与项目的人员，包括项目发起人、项目经理和其他关键干系人。
- 项目范围——说明项目中包括哪些内容、不包括哪些内容。
- 主要可交付成果——说明作为项目的一部分将产生的主要成果、商品或服务。

- 假设——已识别的被视为正确、真实或确定的因素。
- 制约因素——识别制约项目选择的限制性因素。
- 风险因素——识别可能影响项目的潜在问题。
- 对其他项目的依赖性——识别与其他项目的关系。
- 验收标准——解释如何判别项目是完整和成功的要求或条件。

项目章程是范围变更的依据

一个项目团队正在组织开发一个网站。在一次团队会议上，团队识别出一些可以切实改善网站外观的附加功能。项目经理立即翻阅项目章程，并意识到这些附加功能并不在项目原始范围内。虽然这些附加功能是对最终产品的提升，但随意添加功能对项目不利。不受控的范围变更会导致项目延期或超出预算。正确的对策是进行变更控制，识别增加新功能造成的影响，并获得发起人的批准。

精简版项目章程范例

培训主管伊薇特·贝内特在 5 月初向咨询师赫尔曼·爱德华（Herman Edwards）布置了一项任务，要求他准备一份项目管理过程演示。这份演示将免费提供给现有客户，并作为即将开始的项目管理课程的营销工具。

赫尔曼想明确这项任务的要求及目标，所以他做的第一件事就是制定一个精简版的项目章程，如图 6-3 所示。

精简版项目章程

项目编号		项目名称
A-TJ06		项目管理过程演示
编写者	**日期**	**项目类型**
赫尔曼·爱德华	××年5月1日	简单项目

项目描述

项目目标
开发一个项目管理过程演示，作为 JPMG“项目管理概述”课程的营销工具
干系人
培训主管和项目发起人伊薇特·贝内特 来自项目管理培训项目的试点团队
项目范围
范围内：项目管理过程概述 范围外：项目管理工具和技术
主要可交付成果
演示幻灯片、活动、讲义
假设
“项目管理概述”课程的试点团队将对演示文稿进行审查
制约因素
材料必须与“项目管理概述”课程一致
风险因素
“项目管理概述”课程试点所产生的重大变化将导致项目管理过程演示返工
对其他项目的依赖
“项目管理概述”课程项目
验收标准
演示被试点团队批准

图 6-3　精简版项目章程

6.4 项目角色与职责

项目经理必须在项目一开始就识别项目干系人。除项目经理外，小型项目的项目干系人通常还包括项目发起人、客户和项目团队。项目经理应该定义项目干系人的角色和责任，并获得他们的支持。

在项目一开始明确项目干系人对项目的期望，可以更轻松地在整个项目期间对其进行管理。小型项目团队尤其需要就各自的角色和责任进行充分沟通，因为团队成员会同时从事其他项目或运营活动的工作，可能并不明晰他们的项目责任或者他们必须出席的活动。另外，对于小型项目团队来说，他们可能没有后备资源，缺乏沟通可能会导致项目延迟。

小型项目通常不需要指导委员会或监督委员会。这些委员会一般由高层领导组成，代表决策机构为项目提供方向指引。而对于小型项目来说，通常只需要项目发起人做出关键项目决策并确定项目方向。

发起人

发起人发起项目并对项目的总体成功负责。项目发起人担当项目的捍卫者，为项目提供财务资源，批准项目计划，并负责消除可能妨碍项目过程的组织障碍。对于小型项目，项目发起人可能是项目经理的直属领导。小型项目也可以是跨部门的，在这种情况下，项目发起人可能是主管部门的负责人。

客户

客户是指组织内部或外部会使用项目成果的人。对于小型项目，发起人和客户可能是同一个人。如果发起人和客户不是同一个人，那么让客户参与启动过程是很重要的。客户负责在规划阶段提供输入，为解决问题和决策活动做出贡献，并对项目成果拥有最终所有权。

项目经理

项目经理负责实现项目目标。项目经理决定项目管理过程的组成，记录项目要求，编制项目章程，规划项目活动，监控项目进展，与所有项目干系人沟通，吸取并利用经验教训管理项目、管理变更。一些人虽然承担了 SPM 项目方法论中定义的项目经理的职责，但并没有被正式任命为项目经理。

项目团队

团队是指由两个或两个以上有共同目标的人组成的团体，他们合作完成同一项工作。更具体地说，团队成员共同完成项目的可交付成果。小型项目可能只有 5 个或更少的兼职团队成员。团队成员有时被称为主题专家（Subject Matter Experts，SME）。项目团队应该使用已定义的方法和过程，并根据项目要求进行调整，以满足干系人的需求和期望。

6.5 干系人登记册

干系人登记册用于识别受项目影响的人。该文件包含每个干系人的相关信息，并可随着项目的进展而更新。

干系人登记册范例

继续以“项目管理概述”课程项目为例，西蒙尼识别了项目干系人，并编制了如图 **6-4** 所示的干系人登记册。

干系人登记册					
项目名称：“项目管理概述”课程 **编写日期：**20×× 年 1 月 21 日					
序号	姓名	职务	项目角色	联系方式	期望
1	费伊・杰克逊	总裁	行政领导		
2	玛丽・威利	副总裁	发起人		
3	伊薇特・贝内特	主管	业务负责人		
4	西蒙尼・刘易斯	项目经理	项目经理		
5	凯莱布・莱特	咨询师	SME		
6	蕾切尔・汤普森	咨询师	SME		
7	约瑟夫・穆尔	教学设计师	SME		
8	罗伯特・克里斯蒂安	培训师	SME		
9	埃德温・斯图尔特	分析师	行政助理		

图 6-4　干系人登记册

相关领导力

项目启动阶段的领导活动包括以下内容。

- 创建和培养项目愿景。即使项目管理方法通常不适用于小型项目，项目经理也可将项目管理中的愿景管理方法应用于小型项目，并激励其他人使用项目管理过程和工具。
- 建立项目目标与业务目标的映射关系。
- 保护项目资源。
- 识别项目干系人并设定其期望。
- 明确项目团队成员的角色和职责。
- 建立沟通。项目经理必须确定与各干系人沟通的频率和方式。

- 通过一系列调查、问卷、访谈、历史项目成果复盘以及对当前运营情况的观察来收集项目信息。信息收集是一项关键活动，因为信息收集可以使项目经理确定项目需求、识别项目干系人，并澄清其期望。

启动过程成功的关键

启动过程成功的关键包括以下方面。

- 在项目启动过程的早期与项目干系人进行互动，并在整个项目生命周期中确保项目干系人的持续参与。
- 建立信任。
- 请记住，项目章程为规划阶段奠定基础，应该包括所有干系人的输入。
- 在继续进行项目之前获得必要的批准。

6.6 启动过程指南

启动过程指南

描述

启动过程定义并授权项目或项目阶段。

目的

项目启动的目的是执行启动项目所需的活动。

输入

- 商业文件。
- 项目范围说明书。
- 项目需求。
- 项目建议书。

工具和技术

- 项目章程指南。
- 项目章程模板。
- 精简版项目章程模板。
- 假设日志模板。
- 干系人登记册模板。

输出

- 项目章程或精简版项目章程。
- 假设日志。
- 干系人登记册。

程序

（1）获取项目论证文件的副本。

（2）识别项目干系人。

（3）访谈项目发起人和其他干系人。

（4）编写项目章程。

（5）识别假设和制约因素。

（6）管理项目干系人的期望。

（7）与干系人一起审查项目章程。

（8）获得项目发起人的批准并开始规划。

第 7 章

小型项目的规划

定义工作和确定完成项目所需的资源是很重要的。规划是定义你要做什么、什么时候做，以及如何实现项目目标的过程。不幸的是，规划往往被视为乏味和耗时的事情，很多团队对规划的反应往往是没有时间做规划或不需要规划。这些对于规划的态度会使项目经理在项目的后期遇到问题。记录规划活动为项目经理提供了与项目干系人沟通的机会，也可获得团队成员的支持，并建立分析和管理变更影响的基础。

对于一个小型项目，规划周期应该很短。可伸缩性在规划期间尤其重要。规划项目所需的努力取决于需要传达的信息的类型、数量以及详细程度。规划所需的时间取决于发现和记录信息所需的时间长度，以及与发起人就范围、进度和成本达成协议所需的时间。

7.1 规划过程概要

《PMBOK® 指南》（第 6 版）中将规划过程组定义为“为确定工作、定义和完善目标以及制定实现这些目标所需的行动方针而执行的过程”。

规划是一个反复的过程。当有新的可用信息时，规划应该重复执行。规划是项目成功的关键，因为这是项目经理定义和记录项目细节的地方。这些细节随后被用作管理项目的手段。在规划过程中，项目经理收集需求并制定所有必要的规划文件，包括项目范围、工作分解结构（WBS）、项目进度、预算、风险应对计划和沟通计划，所有这些文件都可以被纳入正式的项目计划。有些人把项目进度误认为是项目计划，而实际上项目进度只是必要的计划文件之一。

小型项目可能不需要制订正式的项目计划或制定充分的规划文件。SPM 过程结合了制定充分的规划文件和临时规划文件，使规划过程具有灵活性。

自上而下的规划适用于小型项目。自上而下的规划是从最高级别开始，然后根据需要添加其他级别。项目的规模决定了在可交付成果层面的高层次规划是否足够，或者是否需要更详细的规划。

7.2 规划过程步骤

规划过程包含以下步骤。

（1）准备规划活动。

（2）收集需求。

（3）制定项目范围说明书。

（4）制定工作分解结构（WBS）。

（5）制定活动清单和里程碑清单。

（6）估算工作量和持续时间。

（7）制定项目进度表。

（8）制定项目预算。

（9）确定质量标准。

（10）确定并获取资源。

（11）计划、识别、评估和应对风险。

（12）制定沟通文件。

（13）制订采购管理计划。

（14）更新假设日志。

（15）制订项目管理计划。

（16）获得发起人的批准。

步骤 1：准备规划活动

项目经理首先审查项目章程或项目章程清单，以及作为项目前活动一部分的任何文件，如商业案例、工作说明书、项目请求或项目提案。如果有背景信息或其他支持性文件，项目经理也应进行审查。在审查这些文件时，你可以把这些内容记录为假设。无须证据或不必证明的符合事实的、确定的假设被认为是计划过程中的一个因素。

这也是项目经理回顾以前项目经验教训的好时机。回顾以往的经验教训，可以使项目经理在应对当前项目中可能出现的问题时做好准备。对问题或风险的早期发现为制定风险减轻策略提供了更多的选择。项目经理应将经验教训信息纳入规划会议，尤其是风险规划会议。

项目经理应准备好与项目团队接洽。做这项工作的人应该始终是规划过程中的一部分，因为他们掌握了如何及何时完成这项工作的信息。

回顾经验教训

- 使用特定类别的关键词或关键数据字段搜索数据库，从历史项目中获得经验教训。

- 经验教训的类别可包括：按知识领域或过程组细分的项目管理经验；按项目生命周期细分的项目管理经验，如需求、设计、开发、测试；按技术和业务 / 运营分类的项目管理经验。
- 回顾观察到的情况及其对项目的影响（正面或负面），以及未来可采取的措施或建议。

规划会议是一个可以很好地从项目团队获得输入的方式。项目经理应提前识别会议参与者，并准备一份规划会议议程表，预先向所有参会者提供项目章程的副本，并制定一份 WBS 技术说明草案，以便在会上进行讨论（WBS 技术说明草案是一种临时文件或用作起点的数据项，在更多的信息补充进来时予以替换）。可能会召开单独的规划会议，用来制定 WBS，估算工作量和持续时间，识别和评估风险。

最后，项目经理应准备好与团队分享决策过程、范围变更过程和问题上报过程。这些过程应该在项目开始时被审查，并且被所有项目团队成员彻底理解。

步骤 2：收集需求

收集需求是确定并记录利益干系人提出的满足项目目标的需求的过程。项目需求是项目或产品的需求或期望。需求表明了如何完成可交付成果。收集需求是计划过程中的一个重要步骤，因为缺少需求信息或不清晰的需求可能导致项目失败。对于小型项目，收集需求包括记录项目发起人的需求和期望，还可能涉及通过访谈或需求收集会议从其他干系人那里获取信息。访谈可以是正式的，也可以是非正式的，其中包括事先准备好的和现场提出的问题。为了使访谈更有效，项目经理应该提前准备好问题，并选择合适的工具来记录这些问题的答案。访谈时间表或讨论大纲是一种可以用来记录问题和跟踪回答的工具。通过召开需求收集会议，可以将关键的项目干系人聚集在一起来定义需求，并由项目经理确定项目需求及协调干系人之间的差异。这种方法特别适用于信息技术类的项目。客户需求应该代表客户的声音，然后被翻译成项目的语言。例如，对于一个信息技术项目，客户的商业需求需要转化为技术需求。需求应该清晰明确，可以记录在文档或电子表格中。

需求类型

- **业务**：描述组织更高层次的需求。
- **干系人**：描述干系人或干系人群体的需求。
- **解决方案**：描述产品、服务或结果的特征、功能或特性。
- **过渡和准备状态**：描述从当前状态过渡到预期未来状态所需的临时能力（数据转换、培训）。
- **项目**：描述项目需要满足的行动、过程或其他条件。
- **质量**：验证项目可交付成果的成功完成或满足其他项目要求所需的质量条件或标准。

需求文档示例

在第 6 章中，“项目管理概述”课程项目获得了批准。项目经理西蒙尼·刘易斯现在可以开始她的规划活动了。她所做的第一步是审查项目章程并开始记录需求。她会见了项目干系人，并确定了图 7-1 所示的需求。由于规划是反复进行的，西蒙尼将在持续规划活动中重新查阅本需求文件，以纳入可用的额外细节。

需求文档							
项目标题：“项目管理概述”课程 **准备日期：**20×× 年 1 月 21 日							
序号	**需求**	**干系人**	**类型**	**优先级**	**验收标准**	**测试或验证**	**阶段或发布**
1	启动过程的幻灯片演示、活动和讲义	发起人：玛丽·威利	解决方案	高	培训材料必须与项目启动过程保持一致	启动试点	n/a
2	规划过程的幻灯片演示、活动和讲义	发起人：玛丽·威利	解决方案	高	培训材料必须与项目规划过程保持一致	规划试点	n/a

图 7-1　需求文件

步骤 3：制定项目范围说明书

“定义范围是对项目和产品进行详细描述的过程”，包括需求在内，以此形成项目范围说明书。项目范围说明书对项目的成功至关重要，因为它详细描述了项目的交付物以及完成这些交付物所需的工作。项目范围说明书承担项目章程中确定的风险、假设和约束，并使用渐进明细的方法对其进行完整性分析，同时包括额外的风险、假设和约束。项目范围说明书作为剩余的规划活动的基础，可用于项目控制。

根据《PMBOK® 指南》（第 6 版），项目范围说明书可包括以下内容。

- 产品范围描述：逐条阐述项目章程和需求文件中描述的产品、服务或结果的特征。
- 可交付成果：完成过程、阶段或项目所需的任何独特且可验证的产品、结果或执行服务的能力。交付还包括辅助结果，如项目管理报告和文档。可以对这些可交付成果进行概括性的描述，也可以进行非常详细的描述。
- 验收标准：验收可交付成果前需要满足的一组条件。
- 项目排除：确定不在项目范围内的内容。明确说明项目范围之外的内容有助于管理项目干系人的期望。
- 约束：影响项目或过程执行的限制因素。在项目范围说明书列表中确定约束，并描述与项目范围相关的影响项目执行的内部或外部特定的约束或限制，例如，客户或执行组织发布的预定义预算或任何强制日期或里程碑计划。当一个项目是根据协议进行的，合同条款通常是约束条件。关于约束的信息可以在项目范围说明书中列出，也可以在单独的文件中列出。
- 假设：规划过程中被认为是真实、确定的因素，无须证明或论证。即使它们被证明是错误的，假设也描述了这些因素的潜在影响。项目团队经常在规划过程中识别、记录和验证假设，假设的信息可在项目范围状态或单独文件中列出。

项目经理可以选择在单独的文件中跟踪假设和约束，而不是将它们合并到项目范围说明书中。与项目范围说明书分开跟踪的价值在于，在整个项目过程中，作为规划目的因素的假设是逐步细化的，这些假设一般被认为是真实、确定的，但没有证据。最终，假设得到验证便不再是假设。有些假设与资源的可用性、工作时间表、优先级和决策者 / 批准者的效率有关。约束是影响项目或过程效能的一种限制，可能需要在项目的后期加以处理。

如果使用单独的文件记录假设和约束，则应包含以下内容。

- 类别：如果假设和约束都包含在同一个日志中，则此字段将用于从约束中识别假设。
- 描述：定义假设或约束。
- 所有者：将假设分配给某人进行验证。
- 到期日：假设应得到验证的日期。
- 行动：识别验证假设或解决约束所需的活动。
- 状态：确定假设或约束是开放的还是封闭的。
- 评论：对假设或约束的行为或状态的任何澄清。

项目范围说明书示例

西蒙尼知道范围信息包含在项目特征中，这对于一些小型项目可能已经足够了。然而，西蒙尼认为，项目团队在进行详细规划时，拿到的信息越多越好。

西蒙尼开发了如图 7-2 所示的项目范围说明书。由于她已经在启动阶段创建了一个假设日志（见图 6-2），所以当她制定项目章程时，她选择不将假设和约束纳入项目范围说明书中。

项目范围说明书

项目编号	项目名称	
S107	“项目管理概述”课程	
编制人	**日期**	**项目类型**
西蒙尼 · 刘易斯	20×× 年 1 月 21 日	小型项目

项目范围描述
开发初级项目管理课程，从 20×× 年第三季度开始向公众开放。该项目将包括为培训师和学员编写课堂培训资料 • 培训师的资料包括带有演讲者笔记的 PowerPoint 幻灯片、案例研究讨论问答和实践项目讨论问答 • 学员的资料包括讲义格式的 PowerPoint 幻灯片、案例研究、讨论问题和实践项目
可交付成果
• 项目管理计划 • 培训需求文档 • 教学设计文件 • 案例研究资料 • 项目实践预想和预期结果 • 指导手册 • 学员的资料 • 试点结果
验收标准
课程资料由试点小组批准。试点项目的参与者应包括项目管理顾问和培训师代表
项目除外责任
向公众提供基于网络的培训解决方案和课程

图 7-2 项目范围说明书

步骤 4：制定工作分解结构（WBS）

SPM 计划过程的第 4 步是制定 WBS。开发 WBS 是一个识别高层级可交付成果的过程，然后将其分解为更小、更易于管理的组件。WBS 可以是一个简单的层次结构，只显示主要的或高级别的可交付成果，也可以更详细，包含较低级别的可交付成果。其目的不是要使结构变得非常详细，而是要确保包含所有项目组件。在某些情况下，只需要一个级别的可交付成果。即使是一个小型项目，定义可交付性也可以帮助项目经理知道项目应该包含哪些内容、不应该包含哪些内容。

定义 WBS

WBS 是一种将项目工作分解为组件的工具。构建 WBS 有助于说明项目范围、创建计划和成本估算、分配资源，并为项目控制提供依据。如《PMBOK® 指南》（第 6 版）所述，WBS 是对项目团队为实现项目目标、创建可交付成果而需要实施的全部工作范围的层级分解。WBS 定义了项目的总范围，代表已被批准的当前项目范围说明书中所规定的工作。

对于 SPM 方法，每个层级的可交付成果都是面向交付的。它是自上而下对可交付成果进行分解，其中每一个向下的层级都代表项目工作越来越详细。分解是将项目的可交付成果细分为更小、更易于管理的组件，直到工作和可交付成果被定义到工作包级别。对于小型项目，应将可交付成果分解为足以满足项目需求的详细程度。

开发 WBS 有两种方法：自上而下和自下而上。当你对项目及可交付成果非常了解时，自上而下的方法非常有用。项目经理从项目范围说明书开始，确定项目将产生什么成果。最终的可交付成果成为 WBS 的顶级目标。在此基础上，项目经理通过整合项目生命周期和项目可交付成果来分解项目。例如，软件开发项目将包括软件开发生命周期阶段，培训项目将包括教学设计过程以及相关的可交付成果。然后将生命周期阶段和可交付成果分解为可交付成果中更易于管理的组件，直到达到所需的级别。最后一级应该代表一个有形的可交付成果，可以计划和控制工作成果。自上而下的方法也可以基于业务领域、系统等，而不是项目生命周期。

当项目经理不熟悉项目类型或不熟悉项目生命周期的性质时，自下而上的方法很有用。自下而上的方法要求项目经理进行头脑风暴，以确定项目可交付成果。项目团队应制定可交付成果列表。使用相似性分析技术，将可交付成果划分到相关的分组中，并且给每个分组授予一个标签。然后，将这些分组按一定的层次结构进行排列，写出每个层级的名称。自下而上的方法很适用于小型项目，因为它具有很大的灵活性，并且不需要项目团队对项目生命周期有共同的理解。项目团队只需确定项目的可交付成果，并将它们安排到相关的分组，然后建立一个层次结构即可。

"项目管理概述"课程的 WBS，在第 4 章和第 6 章中被用作示例，如图 7-3 所示。

创建自上而下的 WBS

以下是创建 WBS 的步骤。

（1）从列出最终产品开始。这一层级只有一个可交付成果。

（2）确定主要可交付成果。对于小型项目来说，这可能代表项目的主要组成部分。

- 确保主要可交付成果包括项目的所有工作。
- 制定一个显示等级关系的编号方案。如图 7-2 所示，主要可交付成果是规划、教学设计、课程开发、试点、课程修订。

（3）与干系人会面，审查主要可交付成果。

（4）将主要可交付成果分解为足以满足项目需求的详细程度。对于小型项目来说，可能只需要两个层级。并非所有的可交付成果都需要在开发的层级上一一对应。一些可交付成果的层级会比其他可交付成果多。可交付成果 3.0 课程开发分为五个可交付成果：3.1 演示幻灯片，3.2 学员手册，3.3 协导员手册，3.4 考试评估，3.5 培训日历。请注意，可交付成果 3.2 可进一步分解为三个可交付成果：3.2.1 大纲，3.2.2 样稿，3.2.3 装订。可交付成果 3.2 是唯一需要分解到较低层级

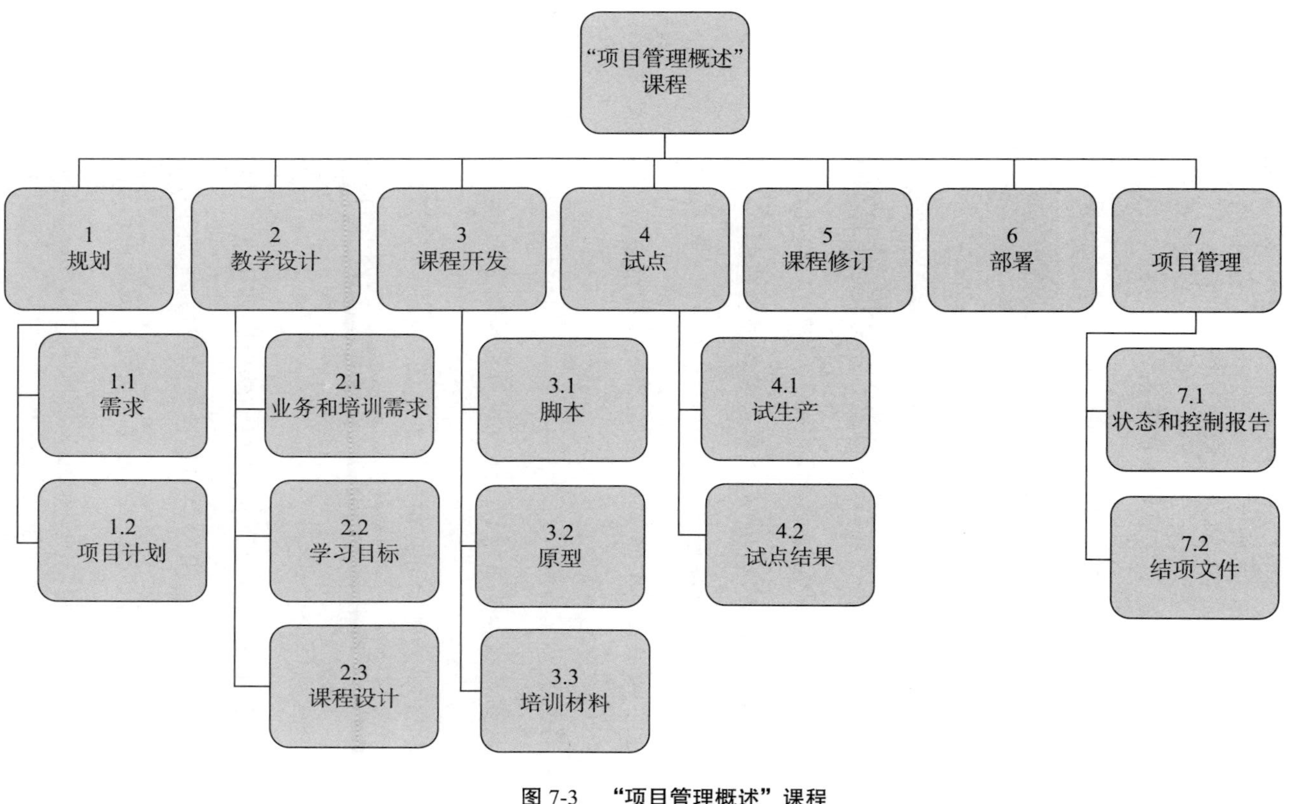

图 7-3　"项目管理概述"课程

的可交付成果，其他可交付成果有两个层级即可。

（5）确定编号方案。编号方案应代表层级结构。

（6）继续与干系人合作，完善 WBS。

（7）落实最低层级可交付成果的责任人。

请注意，WBS 不一定按照指定顺序排列，但是，如果 WBS 的第一层级代表项目生命周期的某个阶段，那么可交付成果可以按顺序排列。WBS 的第一层级也可以代表主要的项目活动。

创建 WBS 的另一种方法是让团队在项目规划会议中创建 WBS。在会议召开之前，项目经理可以创建一个 WBS 草案，并将其与项目章程一起分发给团队进行评审。会议期间，项目经理或会议主持人应做好以下几点。

（1）与团队一起审查项目章程，重点关注项目范围。

（2）向团队成员分发便签。

（3）让团队成员在每个便签上列出一个可交付成果：

- 将便签贴在墙纸上；
- 按高层级和低层级的可交付成果整合便签内容。

（4）通过添加或删除可交付成果来更新 WBS（包括列出范围外可交付成果的标题）。回想一下本书前面使用的“项目管理概述”课程的例子。为了给项目创建 WBS，团队对交付物进行了头脑风暴。在确定了所有可能的可交付成果之后，团队确定了五个主要的可交付成果，然后识别了下一层级的可交付成果，并放弃了一些可交付成果，因为它们是重复的或被剩余的可交付成果所覆盖。同时，还增加了一些可交付成果，因为在对可交付成果进行重组之后，有很明显的结构缺失。如果此时已知范围外的可交付成果，则可以在不包含关系的情况下添加一个“范围外”的标题。

（5）为团队成员在最低层级分配职责，让每个人认领任务。

WBS 开发指南

在制定 WBS 时，请记住以下几点。

- 交付物应用名词表示。
- 每个 WBS 要素应代表一个有形的可交付成果。
- 如果可交付成果被分解，则至少应包含两个子可交付成果或临时可交付成果。
- 同一个可交付成果不能被列出两次。
- 应在最低层级分配所有权，并且只能分配一个人来交付成果。
- 当可交付成果已被分解到足以估计工作量和成本时，应该停止分解工作。

使用 WBS

WBS 有助于项目经理专注于如何实现项目目标，它有多种用途：

- 确保项目范围说明书中确定的所有工作都包含在项目中；
- 确保所有要求都得到定义和批准；
- 作为团队成员定义其任务的起点；
- 显示完成每个可交付成果所需的时间，以及完成项目所需的时间；
- 显示每个可交付成果的成本，以及项目的成本；
- 确保每个可交付成果都有一个单一的责任点；
- 作为沟通工具，展示项目交付物的组织方式；
- 作为识别项目风险的工具。

WBS 大纲

WBS 可以在没有图表应用程序的情况下生成。尽管图形表示法更容易阅读，但 WBS 也可以用文本大纲的格式生成（见表 7-1）。这种格式显示了编号方案和可交付成果。较高级别的可交付成果显示为主标题，较低级别的可交付成果缩进在其下方。WBS 大纲可以收缩或扩展，以适应项目的需要。例如，它可以只显示最高级别的可交付成果，也可以显示高级别和低级别的可交付成果，或者显示所有级别的可交付成果和特定可交付成果的任务。

表 7-1　WBS 大纲模板

WBS	可交付成果
1	规划
1.1	需求
1.2	项目计划
2	教学设计
2.1	商业与培训需求
2.2	学习目标
2.3	课程设计
3	课程开发
3.1	脚本
3.2	原型
3.3	培训资料
4	试点
4.1	试生产
4.2	试点结果
5	课程修订
6	部署
7	项目管理
7.1	状态和控制报告
7.2	结项文件

步骤 5：制定活动清单和里程碑清单

活动清单和里程碑清单用于识别和组织项目活动。

活动清单

活动清单列表包括完成项目所需的计划活动。此文档还可以显示谁负责完成活动。我们可以根据项目的规模来决定是否需要更详细的规划。活动列表也可以展开，以显示持续时间和工作量，对此将在下一节中讨论。

令 WBS 规划会议更有趣

可以通过以下方式使 WBS 规划会议变得有趣：

- 通过使用不同颜色的便签对 WBS 进行编码，以表示项目的特定区域、阶段或可交付成果；
- 使用彩色圆点来表示资源，而不是编写资源名称；
- 使用颜色标记来表示区域、阶段或可交付成果；
- 允许团队成员对可交付成果进行分类；
- 在训练期间为团队提供小饰品。

有时候，我们可能没有时间或不需要为小型项目创建详细的项目进度表，简单的项目肯定不需要详细的项目进度表。活动清单提供了一种快速的方法来定义项目活动，也提供了另外一种控制形式。项目经理应该为每个可交付成果制定一项活动，然后估计每个可交付成果的工作量、持续时间和成本。同样，其详细程度取决于项目的需要。

活动清单的模板如表 7-2 和表 7-3 所示。这两个列表都是“项目管理概述”课程示例中的列表。表 7-2 显示了可交付成果和活动；表 7-3 更为详细，包括活动和资源名称、计划的开始和完成日期，以及项目状态。

对于小型项目来说，通常工期很短，因此开始和结束日期可以很明确。工期更短的简单项目可能没有相关的预算。然而，即使是一个简单项目，例如三周的任务，项目经理仍然需要关心可交付成果的截止日期。

表 7-2　活动清单——可交付成果和活动

WBS	活动名称
1	规划
1.1	需求
1.1.1	制定项目需求
1.2	项目计划
1.2.1	制订附属计划
1.2.2	将子计划合并为项目计划
2	教学设计
2.1	商业与培训需求
2.1.1	分析商业需求
2.1.2	分析培训需求
2.1.3	创建学员档案
2.1.4	确定品牌需求
2.2	学习目标
2.2.1	制定学习目标框架
2.2.2	制定学习目标
2.3	课程设计
2.3.1	制定主题列表
2.3.2	制定指导方法
2.3.3	确定活动
3	课程开发
3.1	脚本
3.1.1	创建脚本
3.1.2	开发相关内容
3.2	原型
3.2.1	开发功能原型
3.2.2	审查和批准原型
3.3	培训资料
3.3.1	开展案例研究

（续表）

WBS	活动名称
3.3.2	开发实践项目
3.3.3	编制培训资料
4	试点
4.1	试生产
4.1.1	试生产计划
4.1.2	试生产运行
4.2	试点结果
4.2.1	分析试生产结果
4.2.2	与利益干系人分享试点成果
5	课程修订
5.1	修改课程资料
6	部署
6.1	过渡
6.2	支持培训
7	项目管理
7.1	状态和控制报告
7.1.1	准备状态和控制报告
7.2	结项文件
7.2.1	召开项目结项会议
7.2.2	制定项目结项文件

表 7-3　详细活动清单

WBS	活动名称	资源名称	开始日期	完成日期	状态
1	**规划**				
1.1	**需求**				
1.1.1	制定项目需求	西蒙尼・刘易斯	2020 年 2 月 3 日	2020 年 2 月 5 日	
1.2	**项目计划**				
1.2.1	制订附属计划	西蒙尼・刘易斯	2020 年 2 月 6 日	2020 年 2 月 12 日	

（续表）

WBS	活动名称	资源名称	开始日期	完成日期	状态
1.2.2	将子计划合并为项目计划	西蒙尼·刘易斯	2020 年 2 月 13 日	2020 年 2 月 13 日	
2	**教学设计**				
2.1	**商业与培训需求**				
2.1.1	分析商业需求	凯莱布·莱特、蕾切尔·汤普森	2020 年 2 月 14 日	2020 年 2 月 18 日	
2.1.2	分析培训需求	罗伯特·克里斯蒂安	2020 年 2 月 14 日	2020 年 2 月 18 日	
2.1.3	创建学员档案	约瑟夫·穆尔	2020 年 2 月 19 日	2020 年 2 月 20 日	
2.1.4	确定品牌需求	约瑟夫·穆尔	2020 年 2 月 21 日	2020 年 2 月 24 日	
2.1.5	评审和批准需求	伊薇特·贝内特	2020 年 2 月 25 日	2020 年 2 月 27 日	
2.2	**学习目标**				
2.2.1	制定学习目标框架	约瑟夫·穆尔	2020 年 2 月 28 日	2020 年 3 月 3 日	
2.2.2	制定学习目标	埃德温·斯图尔特	2020 年 3 月 4 日	2020 年 3 月 10 日	
2.3	**课程设计**				
2.3.1	制定主题列表	罗伯特·克里斯蒂安	2020 年 3 月 11 日	2020 年 3 月 12 日	
2.3.2	制定指导方法	约瑟夫·穆尔	2020 年 3 月 13 日	2020 年 3 月 16 日	
2.3.3	确定活动	罗伯特·克里斯蒂安	2020 年 3 月 17 日	2020 年 3 月 18 日	
3	**课程开发**				
3.1	**脚本**				
3.1.1	创建脚本	约瑟夫·穆尔	2020 年 3 月 19 日	2020 年 3 月 23 日	

（续表）

WBS	活动名称	资源名称	开始日期	完成日期	状态
3.1.2	开发相关内容	凯莱布·莱特、蕾切尔·汤普森	2020年3月24日	2020年3月26日	
3.2	**原型**				
3.2.1	开发功能原型	约瑟夫·穆尔、罗伯特·克里斯蒂安	2020年3月27日	2020年3月31日	
3.2.2	审查和批准原型	伊薇特·贝内特	2020年4月1日	2020年4月3日	
3.3	**培训资料**				
3.3.1	开发案例研究	凯莱布·莱特	2020年3月24日	2020年3月30日	
3.3.2	开发实践项目	蕾切尔·汤普森	2020年3月24日	2020年3月30日	
3.3.3	编制培训资料	罗伯特·克里斯蒂安	2020年4月6日	2020年4月13日	
4	**试生产**				
4.1	**试生产交付**				
4.1.1	试生产计划	埃德温·斯图尔特	2020年2月14日	2020年2月20日	
4.1.2	试生产运行	罗伯特·克里斯蒂安	2020年4月14日	2020年4月15日	
4.2	**试点结果**				
4.2.1	分析试点结果	凯莱布·莱特、蕾切尔·汤普森	2020年4月16日	2020年4月24日	
4.2.2	与利益干系人分享试点成果	西蒙尼·刘易斯、伊薇特·贝内特	2020年4月27日	2020年4月29日	
5	**课程修订**				
5.1	**审查课程资料**	**罗伯特·克里斯蒂安**	**2020年4月30日**	**2020年5月13日**	
6	**部署**				

（续表）

WBS	活动名称	资源名称	开始日期	完成日期	状态
6.1	**过渡**	**西蒙尼 · 刘易斯**	**2020 年 5 月 14 日**	**2020 年 5 月 15 日**	
6.2	**支持培训**	**罗布特 · 克里斯蒂安**	**2020 年 5 月 19 日**	**2020 年 5 月 21 日**	
7	**项目管理**				
7.1	**状态和控制报告**			**2020 年 5 月 29 日**	
7.1.1	准备状态和控制报告	西蒙尼 · 刘易斯	2020 年 2 月 14 日	2020 年 5 月 29 日	
7.2	**结项文件**				
7.2.1	召开项目结项会议	西蒙尼 · 刘易斯	2020 年 5 月 15 日	2020 年 5 月 18 日	
7.2.2	制定项目结项文件	西蒙尼 · 刘易斯	2020 年 5 月 19 日	2020 年 5 月 29 日	

里程碑清单

里程碑是指项目中的重要时点或事件。里程碑列表（见表 7-4）提供了基于项目活动的关键日期或事件。活动清单可以包括里程碑，也可以使用单独的视图来显示里程碑。由于里程碑的定义是零持续时间，因此使用活动来安排工作。

表 7-4　里程碑清单

里程碑清单		
序号	**描述**	**日期**
1	需求定义	2020 年 2 月 27 日
2	完成教学设计	2020 年 3 月 18 日
3	课程开发	2020 年 4 月 13 日
4	试点启动	2020 年 4 月 15 日
5	课程资料定稿	2020 年 5 月 13 日

步骤 6：估算工作量和持续时间

估算工作量或时间是对可能的数量或结果的定量评估。初步时间估算提供了项目需要多长时间的信息。时间估算过程包括工作量和持续时间。

估算工作量

工作量是完成一项活动或可交付成果所需的单位数量，通常以小时或天表示。估算应该是现实、合理的。利用历史信息可以提高估算的准确性。项目经理应该让项目团队参与评估活动。

一种可用于小型项目的估算技术是三点估算（tE）。由于考虑了不确定性和风险性，三点估算提高了单点估算的精度。这个概念起源于提供 β 分布公式的计划评审技术（PERT）。另一个常用的公式是三角分布。三点估算包括以下三个部分。

- 最可能时间（tM）：基于活动的持续时间，考虑到可能分配的资源、生产率、对活动的现实预期、对其他参与者的依赖性。
- 最乐观时间（tO）：基于活动最佳情况分析的活动持续时间。
- 最悲观时间（tP）：基于活动最坏情况分析的活动持续时间。

在确定最可能时间、最乐观时间和最悲观时间之后，可以使用三角分布或 β 分布公式来计算预期持续时间 tE。

- 三角分布：tE=（tO+tM+tP）/3
- β 分布：tE=（tO+4tM+tP）/6

在估算工作量的众多技术中，有些技术非常详细，而且提供了更高的准确性。然而，鉴于小型项目管理过程的目的，我们使用自下而上估算作为一种快速而简单的估算技术。

自下而上估算是指从项目的最底层开始，然后向上进行估算。

（1）从任务级别开始，确定完成每项任务需要多少时间。记住在你的估算中包括一项活动需要重复多少次才能更准确地估算完成任务所需的时间。要使数字易于管理，请使用四分之一小时的增量——0.25、0.50 和 0.75。如果仅使用可交付成果管理项目，请从步骤 2 开始。

（2）通过将构成单个可交付成果的任务所需的时间相加，确定完成最低级别可交付成果的时间。

（3）通过将完成较低级别可交付成果的时间相加，确定完成较高级别可交付成果的时间。

（4）通过将完成最高级别可交付成果的时间相加，确定项目总时间。

即使项目经理不管理与项目相关的成本，他仍然应该对完成工作所需的成本有所了解。WBS 是展示小型项目工作量的一个很好的可视化工具。项目经理可以指出完成所有级别可交付成果所需的时间。

估算持续时间

工期是完成一项活动或可交付成果所需的工作周期数。完成小时估算后，项目经理可以估算工期。

工期以小时、周、月和其他时间单位定义工作所需的时间。例如，文档的审阅者可能每天需要 1 小时来审阅文档，并用 3 天的时间来完成审阅，那么他的工作效率是每天 1 小时，持续时间是 3 天。

为了有效地估算持续时间，我们还需要掌握分配资源的技能。请记住，缺乏资源分配技能要比拥有资源分配经验需要更多的时间。

在估算工作量和持续时间时，请记住查看并更新假设日志和经验教训登记册。有关经验教训更详细的讨论见本书第 10 章。

步骤 7：制定项目进度表

制定项目进度表需要将工作转换成有序的任务。项目进度表提供了任务和里程碑计划的开始及结束日期。里程碑是项目中的一个重要事件，通常是指完成一个主要的可交付成果。在小型项目的可交付成果计划里将显示可交付成果的开始和结束日期，里程碑仍然代表着一系列已经完成的主要可交付成果。

制定项目进度表可能会成为一项繁重的任务。小型项目可以从简化的项目进度表中获益。例如，进度表中只包括可交付成果，或者与每个可交付成果相关的关键任务，这样便于管理更高层级的进度。项目经理需要决定在项目进度表上显示哪些信息。例如，是否需要显示小时数？对于一些较小的项目来说，显示开始和结束日期就足够了。

其他关键进度术语还有以下几个。

- 活动：一组任务。如果计划是完成不同层级的可交付成果，那么每个可交付成果代表一个活动。
- 活动顺序：活动或任务的逻辑顺序。
- 并行：在同一时间段内同时完成的活动或任务。
- 前置任务：必须在另一个活动或任务开始或结束之前开始或结束的活动或任务。
- 后继活动或任务：继前一个活动或任务之后的活动或任务，也称为从属活动或任务。
- 里程碑：显示时间点的里程碑标记，其持续时间为零。

项目进度表包括项目活动的开始和完成日期、工作量、预期持续时间、可交付成果和依赖关系。如果开始和完成日期不现实，那么项目就不可能按计划完成。在最终确定项目进度之前，必须经常重复进度计划的制订过程。同时，还应定期审查和更新项目进度表，使其有意义。

我们可以使用以下文档查看项目进度表。

- 甘特图：最初由亨利·甘特（Henry Gantt）于1915年开发，使用条形图的格式说明项目信息。甘特图直观呈现了项目所需时间。项目活动显示在垂直轴上，与水平时间刻度相对。甘特图对于小型项目来说是一个有效的工具，特别是当不需要显示活动之间的依赖关系时，因为依赖关系已经被理解了。

- 电子表格：通过列和行显示项目进度。
- 里程碑图：仅显示时间刻度上最重要的项目事件，以提醒人们注意事件的重要性。里程碑代表一个时间点，可以显示关键可交付成果、项目阶段、主要活动或重要事件的日期。里程碑应按顺序显示在里程碑图表中。

根据项目的需要，项目进度表可能反映不同详细程度的计划或包含不同的元素。如果需要任务级计划，项目经理应该注意不要计划太多的短期任务。短期任务应该以一周的工作量为原则。定义任务的其他原则包括：如果任务超过两周，则将其分为多个任务；如果一个任务包含多个资源，则为每个资源分派一个单独的任务。

对于大多数小型项目，人们可以很容易地对可交付成果的层级进行规划，可交付成果的排序代表项目的工作顺序；人们也可以对小型项目的主要活动层级进行规划，可交付成果作为其下一层级，这种方法消除了对项目管理应用程序的需求。小型项目进度表可以使用微软的 Word 或 Excel 等软件来制定。表 7-5 提供了使用 Excel 创建项目进度表的示例。这只是活动的一部分，活动的完整清单如表 7-3 所示。表 7-6 和图 7-4 是在软件程序 Microsoft Project 中创建的，可以作为比较对象。里程碑图的项目视图如图 7-5 所示。

表 7-5　项目计划示例（Excel 版本）

WBS	活动名称	持续时间	开始日期	完成日期	资源名称
1	规划	9 天	2020 年 2 月 3 日	2020 年 2 月 13 日	
1.1	需求	3 天	2020 年 2 月 3 日	2020 年 2 月 5 日	

（续表）

WBS	活动名称	持续时间	开始日期	完成日期	资源名称
1.1.1	制定项目需求	3天	2020年2月3日	2020年2月5日	西蒙尼·刘易斯
1.2	**项目计划**	**6天**	**2020年2月6日**	**2020年2月13日**	
1.2.1	制订附属计划	5天	2020年2月6日	2020年2月12日	西蒙尼·刘易斯
1.2.2	将子计划合并为项目计划	1天	2020年2月13日	2020年2月13日	西蒙尼·刘易斯
2	**教学设计**	**24天**	**2020年2月14日**	**2020年3月18日**	
2.1	**商业与培训需求**	**10天**	**2020年2月14日**	**2020年2月27日**	
2.1.1	分析商业需求	3天	2020年2月14日	2020年2月18日	凯莱布·莱特、蕾切尔·汤普森
2.1.2	分析培训需求	3天	2020年2月14日	2020年2月18日	罗伯特·克里斯蒂安
2.1.3	创建学员档案	2天	2020年2月19日	2020年2月20日	约瑟夫·穆尔
2.1.4	确定品牌需求	2天	2020年2月21日	2020年2月24日	约瑟夫·穆尔
2.1.5	评审和批准需求	3天	2020年2月25日	2020年2月27日	伊薇特·贝内特
2.1.6	需求定义	0天	2020年2月27日	2020年2月27日	
2.2	**学习目标**	**8天**	**周五 2020年2月28日**	**周二 2020年3月10日**	
2.2.1	制定学习目标框架	3天	周五 2020年2月28日	周二 2020年3月3日	约瑟夫·穆尔
2.2.2	制定学习目标	5天	周三 2020年3月4日	周二 2020年3月10日	埃德温·斯图尔特
2.3	**课程设计**	**6天**	**周三 2020年3月11日**	**周三 2020年3月18日**	
2.3.1	制定主题列表	2天	周三 2020年3月11日	周四 2020年3月12日	罗伯特·克里斯蒂安
2.3.2	制定指导方法	2天	周五 2020年3月13日	周一 2020年3月16日	约瑟夫·穆尔

（续表）

WBS	活动名称	持续时间	开始日期	完成日期	资源名称
2.3.3	确定活动	2 天	周二 2020 年 3 月 17 日	周三 2020 年 3 月 18 日	罗伯特・克里斯蒂安
2.3.4	设计框架完成	0 天	周三 2020 年 3 月 18 日	周三 2020 年 3 月 18 日	
3	**课程开发**	**18 天**	**周四 2020 年 3 月 19 日**	**周一 2020 年 4 月 13 日**	
3.1	**脚本**	**6 天**	**周四 2020 年 3 月 19 日**	**周四 2020 年 3 月 26 日**	
3.1.1	创建脚本	3 天	周四 2020 年 3 月 19 日	周一 2020 年 3 月 23 日	约瑟夫・穆尔
3.1.2	开发相关内容	3 天	周四 2020 年 3 月 24 日	周四 2020 年 3 月 26 日	凯莱布・莱特、 蕾切尔・汤普森
3.2	**原型**	**6 天**	**周五 2020 年 3 月 27 日**	**周五 2020 年 4 月 3 日**	
3.2.1	开发功能原型	3 天	周五 2020 年 3 月 27 日	周二 2020 年 3 月 31 日	约瑟夫・穆尔、 罗伯特・克里斯蒂安
3.2.2	审查和批准原型	3 天	周三 2020 年 4 月 1 日	周五 2020 年 4 月 3 日	伊薇特・贝内特
3.3	**培训材料**	**15 天**	**周二 2020 年 3 月 24 日**	**周一 2020 年 4 月 13 日**	
3.3.1	开发案例研究	5 天	周二 2020 年 3 月 24 日	周一 2020 年 3 月 30 日	凯莱布・莱特
3.3.2	开发实践项目	5 天	周二 2020 年 3 月 24 日	周一 2020 年 3 月 30 日	蕾切尔・汤普森
3.3.3	编制培训材料	6 天	周一 2020 年 4 月 6 日	周一 2020 年 4 月 13 日	罗伯特・克里斯蒂安
3.3.4	课程设计完成	0 天	周一 2020 年 4 月 13 日	周一 2020 年 4 月 13 日	
4	**试生产**	**54 天**	**周五 2020 年 2 月 14 日**	**周三 2020 年 4 月 29 日**	

（续表）

WBS	活动名称	持续时间	开始日期	完成日期	资源名称
4.1	**试生产交付**	44 天	**周五 2020 年 2 月 14 日**	**周三 2020 年 4 月 15 日**	
4.1.1	试生产计划	5 天	周五 2020 年 2 月 14 日	周四 2020 年 2 月 20 日	埃德温·斯图尔特
4.1.2	试生产运行	2 天	周二 2020 年 4 月 14 日	周三 2020 年 4 月 15 日	罗伯特·克里斯蒂安
4.1.3	试生产开始	0 天	周三 2020 年 4 月 15 日	周三 2020 年 4 月 15 日	
4.2	**试点结果**	10 天	**周四 2020 年 4 月 16 日**	**周三 2020 年 4 月 29 日**	
4.2.1	分析试点结果	7 天	周四 2020 年 4 月 16 日	周五 2020 年 4 月 24 日	凯莱布·莱特、蕾切尔·汤普森
4.2.2	与利益干系人分享试点成果	3 天	周一 2020 年 4 月 27 日	周三 2020 年 4 月 29 日	西蒙尼·刘易斯、伊薇特·贝内特
5	**课程修订**	10 天	**周四 2020 年 4 月 30 日**	**周三 2020 年 5 月 13 日**	
5.1	**审查课程材料**	10 天	**周四 2020 年 4 月 30 日**	**周三 2020 年 5 月 13 日**	**罗伯特·克里斯蒂安**
5.2	**课程材料定稿**	0 天	**周三 2020 年 5 月 13 日**	**周三 2020 年 5 月 13 日**	
6	**部署**	6 天	**周四 2020 年 5 月 14 日**	**周四 2020 年 5 月 21 日**	
6.1	**过渡**	1 天	**周四 2020 年 5 月 14 日**	**周四 2020 年 5 月 14 日**	**西蒙尼·刘易斯**
6.2	**支持培训**	5 天	**周五 2020 年 5 月 15 日**	**周四 2020 年 5 月 21 日**	**罗伯特·克里斯蒂安**
7	**项目管理**	76 天	**周五 2020 年 2 月 14 日**	**周五 2020 年 5 月 29 日**	
7.1	**状态和控制报告**	76 天	**周五 2020 年 2 月 14 日**	**周五 2020 年 5 月 29 日**	

（续表）

WBS	活动名称	持续时间	开始日期	完成日期	资源名称
7.1.1	准备状态和控制报告	76 天	周五 2020 年 2 月 14 日	周五 2020 年 5 月 29 日	西蒙尼・刘易斯
7.2	**结项文件**	**11 天**	**周五 2020 年 5 月 15 日**	**周五 2020 年 5 月 29 日**	
7.2.1	召开项目结项会议	2 天	周五 2020 年 5 月 15 日	周一 2020 年 5 月 18 日	西蒙尼・刘易斯
7.2.2	制定项目结项文件	9 天	周二 2020 年 5 月 19 日	周五 2020 年 5 月 29 日	西蒙尼・刘易斯

表 7-6　项目计划示例

WBS	任务名称	持续时间	开始日期	完成日期	前置任务	资源名称
1	**规划**	**9 天**	**周一 2020 年 2 月 3 日**	**周四 2020 年 2 月 13 日**		
1.1	**需求**	**3 天**	**周一 2020 年 2 月 3 日**	**周三 2020 年 2 月 5 日**		
1.1.1	制定项目需求	3 天	周一 2020 年 2 月 3 日	周三 2020 年 2 月 5 日		西蒙尼・刘易斯
1.2	**项目计划**	**6 天**	**周四 2020 年 2 月 6 日**	**周四 2020 年 2 月 13 日**		
1.2.1	制订附属计划	5 天	周四 2020 年 2 月 6 日	周三 2020 年 2 月 12 日	3	西蒙尼・刘易斯
1.2.2	将子计划合并为项目计划	1 天	周四 2020 年 2 月 13 日	周四 2020 年 2 月 13 日	5	西蒙尼・刘易斯
2	**教学设计**	**24 天**	**周五 2020 年 2 月 14 日**	**周三 2020 年 3 月 18 日**		
2.1	**商业与培训需求**	**10 天**	**周五 2020 年 2 月 14 日**	**周四 2020 年 2 月 27 日**		
2.1.1	分析商业需求	3 天	周五 2020 年 2 月 14 日	周二 2020 年 2 月 18 日	6	凯莱布・莱特、蕾切尔・汤普森
2.1.2	分析培训需求	3 天	周五 2020 年 2 月 14 日	周二 2020 年 2 月 18 日	6	罗伯特・克里斯蒂安

（续表）

WBS	任务名称	持续时间	开始日期	完成日期	前置任务	资源名称
2.1.3	创建学员档案	2 天	周三 2020 年 2 月 19 日	周四 2020 年 2 月 20 日	10、9	约瑟夫·穆尔
2.1.4	确定品牌需求	2 天	周五 2020 年 2 月 21 日	周一 2020 年 2 月 24 日	11	约瑟夫·穆尔
2.1.5	评审和批准需求	3 天	周二 2020 年 2 月 25 日	周四 2020 年 2 月 27 日	12	伊薇特·贝内特
2.1.6	需求定义	0 天	周四 2020 年 2 月 27 日	周四 2020 年 2 月 27 日	13	
2.2	**制定学习目标框架**	**8 天**	**周五 2020 年 2 月 28 日**	**周二 2020 年 3 月 10 日**		
2.2.1	制定学习目标	3 天	周五 2020 年 2 月 28 日	周二 2020 年 3 月 3 日	13	约瑟夫·穆尔
2.2.2	课程设计	5 天	周三 2020 年 3 月 4 日	周二 2020 年 3 月 10 日	16	埃德温·斯图尔特
2.3	**制定主题列表**	**6 天**	**周三 2020 年 3 月 11 日**	**周三 2020 年 3 月 18 日**		
2.3.1	制定指导方法	2 天	周三 2020 年 3 月 11 日	周四 2020 年 3 月 12 日	17	罗伯特·克里斯蒂安
2.3.2	确定活动	2 天	周五 2020 年 3 月 13 日	周一 2020 年 3 月 16 日	19	约瑟夫·穆尔
2.3.3	课程开发	2 天	周二 2020 年 3 月 17 日	周三 2020 年 3 月 18 日	20	罗伯特·克里斯蒂安
2.3.4	设计框架完成	0 天	周三 2020 年 3 月 18 日	周三 2020 年 3 月 18 日	21	
3	**课程开发**	**18 天**	**周四 2020 年 3 月 19 日**	**周一 2020 年 4 月 13 日**		
3.1	**脚本**	**6 天**	**周四 2020 年 3 月 19 日**	**周四 2020 年 3 月 26 日**		
3.1.1	创建脚本	3 天	周四 2020 年 3 月 19 日	周一 2020 年 3 月 23 日	21	约瑟夫·穆尔
3.1.2	开发相关内容	3 天	周二 2020 年 3 月 24 日	周四 2020 年 3 月 26 日	25	凯莱布·莱特、蕾切尔·汤普森

（续表）

WBS	任务名称	持续时间	开始日期	完成日期	前置任务	资源名称
3.2	**原型**	6 天	**周五 2020 年 3 月 27 日**	**周五 2020 年 4 月 3 日**		
3.2.1	开发功能原型	3 天	周五 2020 年 3 月 27 日	周二 2020 年 3 月 31 日	26	约瑟夫·穆尔、罗伯特·克里斯蒂安
3.2.2	审查和批准原型	3 天	周三 2020 年 4 月 1 日	周五 2020 年 4 月 3 日	28	伊薇特·贝内特
3.3	**培训材料**	15 天	**周二 2020 年 3 月 24 日**	**周一 2020 年 4 月 13 日**		
3.3.1	开发案例研究	5 天	周二 2020 年 3 月 24 日	周一 2020 年 3 月 30 日	25	凯莱布·莱特
3.3.2	开发实践项目	5 天	周二 2020 年 3 月 24 日	周一 2020 年 3 月 30 日	25	蕾切尔·汤普森
3.3.3	编制培训材料	6 天	周一 2020 年 4 月 6 日	周一 2020 年 4 月 13 日	29	罗伯特·克里斯蒂安
3.3.4	课程设计完成	0 天	周二 2020 年 4 月 13 日	周一 2020 年 4 月 13 日	33	
4	**试生产**	54 天	**周五 2020 年 2 月 14 日**	**周三 2020 年 4 月 29 日**		
4.1	**试生产交付**	44 天	**周五 2020 年 2 月 14 日**	**周三 2020 年 4 月 15 日**		
4.1.1	试生产计划	5 天	周五 2020 年 2 月 14 日	周四 2020 年 2 月 20 日	6	埃德温·斯图尔特
4.1.2	试生产运行	2 天	周二 2020 年 4 月 14 日	周三 2020 年 4 月 15 日	6、33	罗伯特·克里斯蒂安
4.1.3	试生产开始	0 天	周三 2020 年 4 月 15 日	周三 2020 年 4 月 15 日	38	
4.2	**试点结束**	10 天	**周四 2020 年 4 月 16 日**	**周三 2020 年 4 月 29 日**		
4.2.1	分析试点结果	7 天	周四 2020 年 4 月 16 日	周五 2020 年 4 月 24 日	38	凯莱布·莱特、蕾切尔·汤普森
4.2.2	与干系人分享试点结果	3 天	周一 2020 年 4 月 27 日	周三 2020 年 4 月 29 日	41	西蒙尼·刘易斯、伊薇特·贝内特

（续表）

WBS	任务名称	持续时间	开始日期	完成日期	前置任务	资源名称
5	**课程修订**	**10 天**	**周四 2020 年 4 月 30 日**	**周三 2020 年 5 月 13 日**		
5.1	**审查课程材料**	**10 天**	**周四 2020 年 4 月 30 日**	**周三 2020 年 5 月 13 日**	**42**	**罗伯特·克里斯蒂安**
5.2	**课程材料定稿**	**0 天**	**周三 2020 年 5 月 13 日**	**周三 2020 年 5 月 13 日**	**44**	
6	**部署**	**6 天**	**周四 2020 年 5 月 14 日**	**周四 2020 年 5 月 21 日**		
6.1	**过渡**	**1 天**	**周四 2020 年 5 月 14 日**	**周四 2020 年 5 月 14 日**	**44**	**西蒙尼·刘易斯**
6.2	**支持培训**	**5 天**	**周五 2020 年 5 月 15 日**	**周四 2020 年 5 月 21 日**	**47**	**罗伯特·克里斯蒂安**
7	**项目管理**	**76 天**	**周五 2020 年 2 月 14 日**	**周五 2020 年 5 月 29 日**		
7.1	**状态和控制报告**	**76 天**	**周五 2020 年 2 月 14 日**	**周五 2020 年 5 月 29 日**		
7.1.1	准备状态和控制报告	76 天	周五 2020 年 2 月 14 日	周五 2020 年 5 月 29 日	6	西蒙尼·刘易斯
7.2	**结项文件**	**11 天**	**周五 2020 年 5 月 15 日**	**周五 2020 年 5 月 29 日**		
7.2.1	召开项目结项会议	2 天	周五 2020 年 5 月 15 日	周一 2020 年 5 月 18 日	47	西蒙尼·刘易斯
7.2.2	制定项目结项文件	9 天	周二 2020 年 5 月 19 日	周五 2020 年 5 月 29 日	53	西蒙尼·刘易斯

WBS	任务名称	
1	**规划**	
1.1	**需求**	
1.1.1	制定项目需求	西蒙尼・刘易斯
1.2	项目计划	
1.2.1	制订附属计划	西蒙尼・刘易斯
1.2.2	将子计划合并到项目计划	西蒙尼・刘易斯
2	**教学设计**	
2.1	**商业与培训需求**	
2.1.1	分析商业需求	凯莱布・莱特、蕾切尔・汤普森
2.1.2	分析培训需求	罗伯特・克里斯蒂安
2.1.3	创建学员档案	约瑟夫・穆尔
2.1.4	确定品牌需求	约瑟夫・穆尔
2.1.5	评审和批准需求	伊薇特・贝内特
2.1.6	需求定义	2月27日
2.2	**学习目标**	
2.2.1	制定学习目标框架	约瑟夫・穆尔
2.2.2	制定学习目标	埃德温・斯图尔特
2.3	**课程设计**	
2.3.1	制定主题列表	罗伯特・克里斯蒂安
2.3.2	制定指导方法	约瑟夫・穆尔
2.3.3	确定活动	罗伯特・克里斯蒂安
2.3.4	设计框架完成	3月18日
3	**课程开发**	

2020年2月2日 2020年2月9日 2020年2月16日 2020年2月23日 2020年3月1日 2020年3月8日 2020年3月15日 2020年3月22日

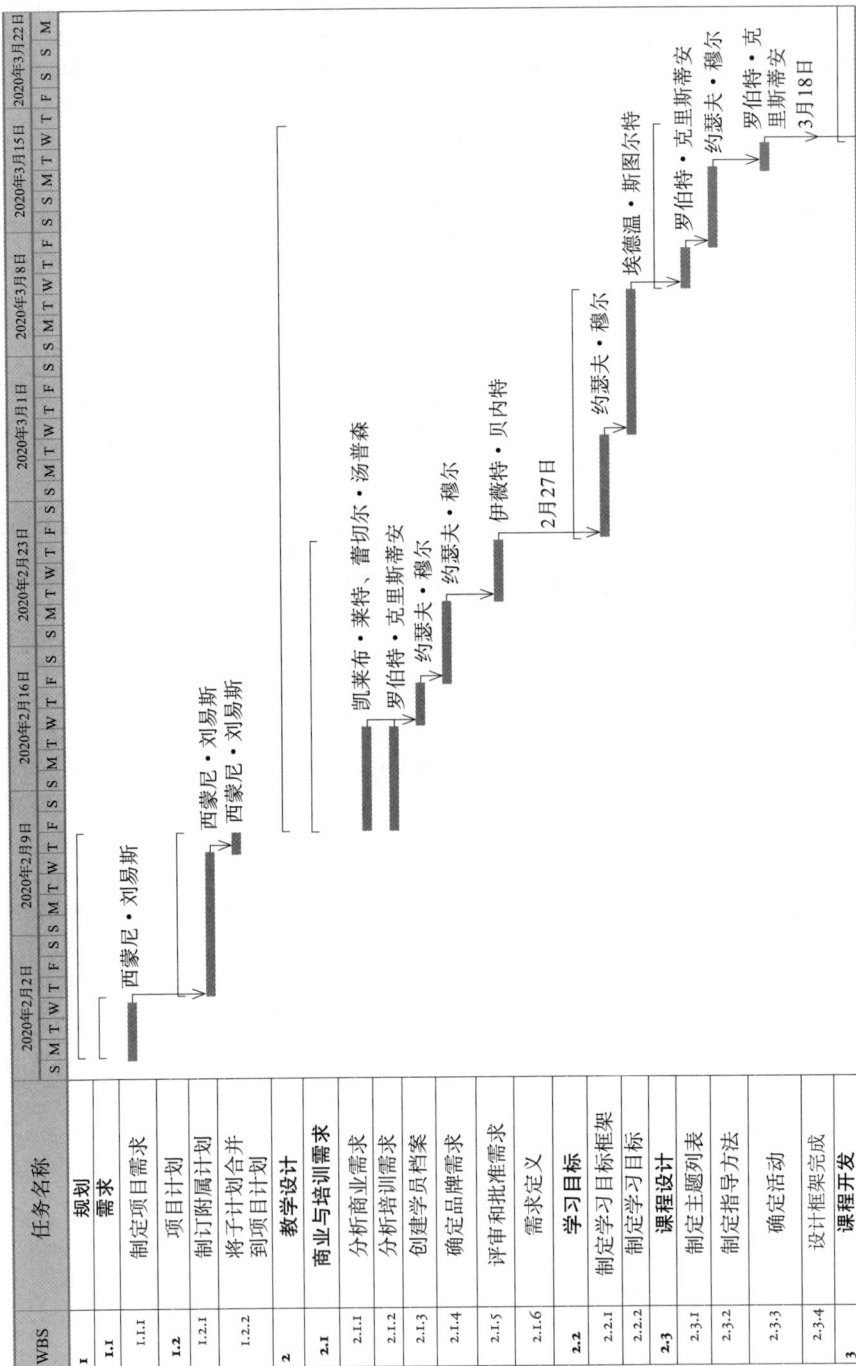

图 7-4 项目计划示例

任务名称	日期	第一季度			第二季度			第三季度		
		1月	2月	3月	4月	5月	6月	7月	8月	9月
需求定义	周四 2 月 27 日		2 月 27 日							
完成教学设计	周三 3 月 18 日			3 月 18 日						
制定课程	周一 4 月 13 日				4 月 13 日					
试运行	周三 4 月 15 日				4 月 15 日					
课程材料定稿	周三 5 月 13 日					5 月 13 日				

图 7-5 项目里程碑图

步骤 8：制定项目预算

如果资金作为业务的一部分支付，那么小型项目通常不需要预算。当需要资金时，项目预算是通过向项目活动分配成本估算来编制的。成本估算是完成项目所需货币资源的近似值。成本估算通常以货币单位表示，以便在项目之间进行比较。但是，成本也可以用度量单位表示，例如天或小时。为了估算成本，项目经理必须估算完成项目活动所需的资金，这可以通过参考 WBS 确定项目的可交付成果，然后确定与完成每个可交付成果相关的成本来实现。

有三个级别的估算：数量级估算、相对估算和绝对估算，每一种估算都具有不同的准确度，并在不同的决策点上使用。数量级估算也被称为粗略数量级（ROMf）估算，是一个大概的估算。它是在项目早期提出的，不涉及很多项目细节。这是一个自上而下的估算，通常考虑 WBS 的最高级别，作为是否继续进行项目的快速计算的手段。数量级估算的准确度应是 –25% ~ +75%。绝对估算是一个自下而上的估算，包括详细的估算技术，准确度为 –5% ~ +10%。根据完成一个确定的估算所需的时间和精力，小型项目中经常使用数量级估算和绝对估算，如表 7-7 所示。

表 7-7　小型项目估算类型

估算类型	准确度	WBS 方式
数量级估算（粗略）	–25% ~ +75%	自上而下
绝对估算（详尽）	–5% ~ +10%	自下而上

以下是成本估算的一些常用方法。

- **类比估算**：类比估算将现有项目的范围、成本、预算和工期等参数值与类似项目进行比较，并说明其不同之处。与其他估算方法相比，类比估算耗时少、成本高、准确度较低。
- **参数估算**：参数估算使用历史信息和数学关系来计算成本，其准确度等级与计算中使用的数据有关。
- **自下而上估算**：对工作组件进行估算的一种方法。先从 WBS 最低层级进行估算，然后汇总到 WBS 的较高层级。自下而上估算的准确度取决于较低层级估算的准确度。自下而上估算的结果是最准确的，但也是最耗时的。此外，自下而上估算只能在详细信息可用的情况下使用。使用历史信息进行规划的小型项目能够利用自下而上估算的方式获得更准确的估计。然而，小型项目的性质决定了它可能不需要花费额外的时间和精力来进行自下而上估算。
- **三点估算**（cE）：包括最乐观估算（cO）、最可能估算（cM）和最悲观估算（cP）。最乐观估算是基于对活动最佳情况的分析；最可能估算是基于对所需工作和预期费用的评估；最悲观估算是基于对活动最坏情况的分析。在得出这些估算结果之后，计算其加权平均数。三点估算的两个常用公式如下。

- 三角分布：cE=（cO+cM+cP）/3
- β 分布：cE=（cO+4cM+cP）/6

项目预算代表项目的成本基线，用于控制项目。预算应包括完成项目的所有劳务费用。

预算的类别

- 人工成本（劳务）
- 硬件成本
- 软件成本
- 购买服务的费用
- 差旅费
- 餐饮费

人工成本可以通过将完成任务的估算小时数与个别资源费率相结合来计算。除了人工成本外，预算还应包括完成项目所需的其他资源费用，如材料、设备、耗材、许可证费用、培训、差旅和餐饮费用。预算可以用来显示每个项目活动的资源成本。此外，预算可以分时间段显示成本何时发生。在分时间段的预算中，将成本分配到特定的时间段，例如，每月进行项目汇总。

当你制定项目预算时，记得回顾并更新假设日志和经验教训登记册。有关经验教训更详细的讨论，请参见本书第 10 章。

步骤 9：确定质量标准

质量措施和技术应针对可交付成果的类型而定。项目经理应该与项目干系人合作，确保可交付成果的质量，而不是在检查过程中等待和发现质量问题。请记住，预防并将错误排除在过程之外比检查并将错误排除在客户手中更可取。

对于小型项目，项目经理应将质量纳入项目和产品的规划和设计中。团队应该理解、评估、定义和管理需求，以便满足客户的期望。项目经理可使用质量管理计划记录有关标准、角色和职责、可交付成果和质量评审过程，以及用于项目的质量工具。

步骤 10：确定和获取资源

项目资源包括团队成员、设施、设备、材料、物资以及完成工作所需的其他资源。资源规划是用于确定或定义资源的一种方法，以确保在需要时有足够的资源可用。

对于小型项目，项目经理应该使用 WBS 作为起点来确定项目所需人力和物力资源。

步骤 11：识别、评估和应对风险

《PMBOK® 指南》（第 6 版）中将单个项目风险定义为："一种不确定的事件或情况，如果发生，会对项目目标产生积极或消极的影响。"风险是可能发生或不可能发生的事件。风险的积极影响对于小型项目来说是个机会，这些新机会通常被当作一个单独的项目来处理。在 SPM 过程中，我们将关注风险事件可能对项目产生的负面影响。风险规划包括四项活动：风险管理规划、风险识别、风险分析和风险应对规划。

风险管理规划

正如《PMBOK® 指南》（第 6 版）中"风险管理"部分所述，"风险管理规划是决定如何处理和规划项目风险管理活动的过程"。小型项目风险管理规划是项目经理记录和沟通风险管理活动的工具。

由于小型项目的风险管理规划过程通过明确定义的工具得以简化，因此风险管理计划只有几个组成部分。这是一份叙述性文件，描述了风险识别、分析、应

对计划及监控的结构关系。

小型项目的风险管理计划包括以下内容。

- **方法**：确定将用于项目风险管理的方法和工具。
- **角色和职责**：确定项目经理、项目团队和其他干系人及其在风险规划会议期间的相应角色和职责。
- **时间安排**：确定风险识别会议的召开时间，以及在整个过程中风险管理流程的启动与重新启动频率。
- **报告**：定义如何记录、分析风险管理过程的结果，并将其传达给项目团队和其他项目干系人。
- **跟踪**：确定如何记录风险管理活动，以满足当前需求、未来需求和经验教训的需要。

小型项目可能不需要风险管理计划，但它可以作为一种沟通工具，告知干系人如何处理风险。另外，可以将风险管理计划作为 SPM 过程的一部分，并根据项目的具体需要更新计划。

风险识别

风险识别是指确定哪些风险可能会影响项目，并将其记录在案。风险识别应在项目或阶段开始时进行，并在项目或阶段期间随着风险因素的变化，考虑新的行动策略并识别新的风险。项目团队可以在头脑风暴会议上识别风险事件。

风险类别

- 技术方面：范围、需求、技术。
- 管理方面：项目管理、运营管理、组织本身。
- 业务方面：合同、内部采购、供应商和卖方。

- 外部方面：立法、现场 / 设施、环境 / 天气、竞争。

头脑风暴会议的参与者应包括项目团队的成员，与此同时，也应鼓励其他干系人、技术专家和具有类似经验的人员参与。通常，我们建议由项目经理以外的其他人协助召开风险识别会议，但是，对于小型项目来说，可以由项目经理负责组织风险识别会议。风险类别列表可用于促进头脑风暴。一些可能的类别包括组织（如管理方法、政策、结构、文化）、项目管理（如进度、成本、质量、资源、需求、控制）、实施（如测试、集成、培训），以及工具和技术。

通过“如果”提出问题很重要。例如，如果资源在有需要时却不可用，或者团队无法按计划完成可交付成果，该怎么办？风险应记录在风险登记册上（见表 7-8）。风险登记册在风险识别过程中编制，并在风险分析过程中更新。在风险识别过程中，有关风险的详细描述、类别及其潜在影响会被添加到风险登记册中。

表 7-8　风险登记册示例

风险登记册								
序号	状态	类别	风险事件	可行性	影响	优先级	风险响应	责任人
1		技术	如果现有技术不支持混合培训解决方案，则课程开发工作无法按计划进行					罗伯特·克里斯蒂安
2		项目管理	项目经理正在处理几个中型项目。如果项目经理没有时间处理这个小型项目，那么项目活动可能会落后于计划					西蒙尼·刘易斯
3		设计	同时拥有课程开发专业知识的培训师正在寻找新的机会。如果培训师离开组织，那么项目将失去一个关键资源，教学设计文档可能会延迟交付或不符合质量要求					约瑟夫·莫尔

风险描述应足够清晰，以便项目经理在风险发生时可及时监控风险。一个清晰的风险描述可以是“如果……那么……”结构的语句，即“如果”风险发生，“那么”影响将是什么。

风险分析

风险分析包括对风险进行量化和排序。一个简化的分析过程包括使用低、中、高等级评估每个风险的发生概率、影响和优先级。风险通常在团队会议中被优先考虑，但是根据项目的规模和风险的数量，项目经理可能会独自工作。

- 风险概率是指风险发生的可能性。概率应分为低、中、高。在进行风险分析时，应舍弃发生概率为零的风险。发生概率为百分之百的风险不是真正的风险，因为根据定义，风险是指发生不良事件的可能性，如果没有不确定性，就没有风险。这些项目实际上应按假设来处理。表 7-9 提供了可用于小型项目的概率等级、发生的可能性和相应的说明。

表 7-9　概率等级

概率等级	发生	说明
零	不会发生	这种风险不可能发生
低	不太可能发生，但存在可能性	该事件发生的概率为 1% ~ 40%
中	可能会发生	该事件发生的概率为 41% ~ 70%
高	很可能发生	该事件发生的概率为 71% ~ 99%
确定性（假设）	没有风险	如果该事件发生的概率是 100%，那就意味着这不是一种风险，而是一种假设

- 影响是指风险发生时产生的影响。影响等级应分为低、中或高。应放弃影响等级为零的风险。表 7-10 提供了风险对项目的影响等级和相应的解释。

表 7-10　影响等级

影响等级	解释
零	如果发生这种风险，对项目没有影响，因此这不是真正的风险
低——影响小	对项目的影响很小，但会被客户或发起人注意到，并会造成轻微的客户不满，如时间增加 5% 以上或成本增加 10% 以内
中——对项目进度有一定影响	对项目的影响是中等的，会引起客户或发起人对项目的不满，如增加 5% ~ 10% 的时间或 10% ~ 20% 的成本
高——对项目进度有较大影响	这种影响是重大的，可能会引起客户或公司的严重不满，可能会破坏这个项目，如时间增加 10% 以上或成本增加 20% 以上

- 风险优先级通过结合概率评级和影响评级来确定，如表 7-11 或图 7-6 所示。
- 负责人是负责管理风险的人员。每个风险必须由团队中的某个人来负责。负责人将确保风险得到监控，并采取应对措施。

表 7-11　风险概率

概率	影响	优先级
低	低	低
低	中	中
低	高	中
中	低	中
中	中	中
中	高	高
高	低	中
高	中	中
高	高	高

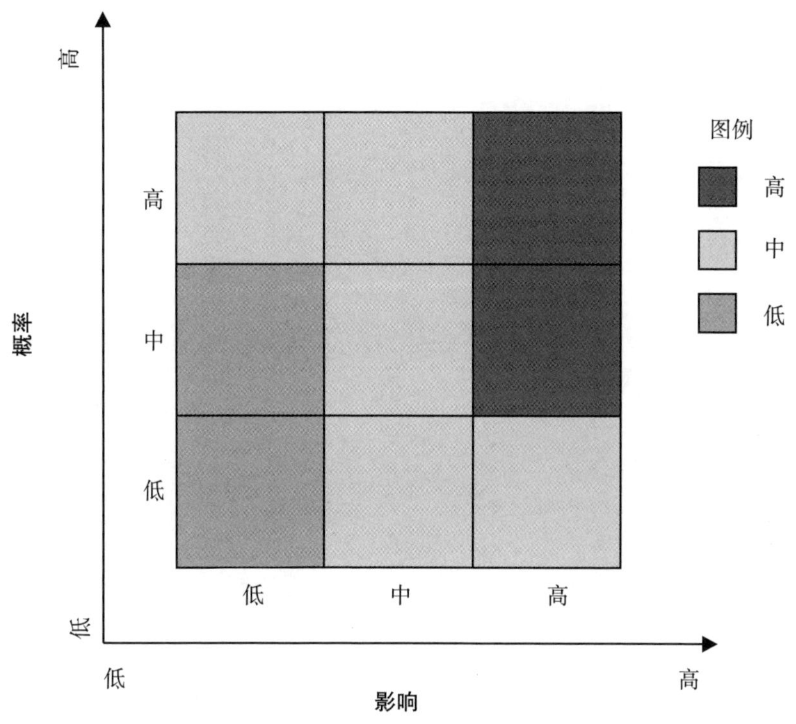

图 7-6　概率—影响风险矩阵

风险分析完成后，应更新风险登记册，其中包括每个风险的概率、影响和优先级。风险也可以按类别分组或按优先级排序。

风险应对规划

消极风险被认为是对项目目标的威胁。风险应对规划包括确定对风险的主动响应，以消除其对项目的威胁。《PMBOK® 指南》（第 6 版）提供了主动应对消极风险的五种策略，如上报、规避、转移、减轻和接受（见表 7-12）。

- 上报：风险的威胁超出项目范围或提议的应对措施超出项目经理的权限时，就需要上报风险。上报风险在项目、投资组合或组织层面上进行管理。项目团队不会进一步监控这些风险，尽管它们可能会被记录在风险登记册中以供参考。

表 7-12　风险响应策略

风险响应策略	风险响应类型	定义	何时使用	例子
上报	转换	项目范围之外的风险，应在项目级别、投资组合级别或组织的其他相关部分进行管理。升级后，项目团队不会对这些风险进行进一步监控，但是，这些风险可能会被记录下来以供参考	当项目团队或项目发起人同意风险不在项目范围内，并且提议的风险应对措施可能超出项目经理的权限时使用	五个项目是数据仓库计划的一部分。该计划中的三个项目遭遇了同样的风险。应将该风险上报给项目经理，并在项目层面进行管理
规避	预防	风险规避是指改变项目计划以消除风险或条件，或保护项目目标不受其影响。风险规避通过消除其原因来消除特定风险的威胁	始终作为第一道防线，尽可能使用该策略来应对一切风险	通过明确要求、获取信息、改善沟通、缩小范围来避免高风险活动，避免增加资源或时间，应采用熟悉的方法而不是创新的方法
减轻	预防	减轻风险就是将风险的可能性或影响降低到可以接受的水平	当风险无法避免，且有可能降低其概率或影响时使用	采用不太复杂的流程，为新的活动加入额外的流程，在时间表中增加资源或时间
转移	转换 责任	风险转移是指将风险转移给第三方，并将其所有权与应对措施一并转移。转移风险只是赋予另一方管理风险的责任，并不能消除风险	当外包成为可能时使用	保险、履约保函、保证、担保和合同
接受	回应	接受表示项目团队已决定不处理风险或无法确定任何其他合适的应对策略。积极接受是指在发生风险时采用应急计划。被动接受不需要采取任何行动，让项目团队按照自己的意愿处理风险即可	当没有切实可行的方法来降低或消除风险，或这样做的成本过高时使用	外部强加的约束、规定或强制性任务

- 规避：风险规避措施包括改变项目方法、项目管理计划的某些方面，或改变处于危险中的项目目标，以便完全消除风险带来的威胁，使其发生概率降为零。
- 转移：风险转移允许项目经理将威胁的全部或部分消极影响以及管理风险的责任转移给更善于管理风险的人。转移并不能消除风险，它只是允许第三方管理风险。风险转移对于金融风险的提示是有效的，通常包括向承担风险的一方支付风险溢价。
- 减轻：风险减轻用于降低威胁的概率或影响程度。减轻项目风险的一种方法是引入更多的过程或评审。
- 接受：接受风险意味着你愿意接受风险带来的后果，但没有采取积极主动的行动。有时不可能消除威胁，因为无法确定任何合适的策略，因此必须接受风险。这种主动接受通常会导致项目计划的持续制订。而且，对于被动接受的低优先级风险，仍应对其发生概率或影响进行监测。如果发生概率或影响有了变化，应重新评估风险，以确定适当的应对策略。

尽管所有风险都应被记录和监控，但对于小型项目来说，应对措施通常是针对高优先级风险，有时是中优先级风险。项目经理应更新风险登记册，以包含更多中高风险的详细信息（见表 7-13），如更新风险描述，增加定义，确定风险应对策略 / 计划，并指定风险负责人。

表 7-13　更新风险登记册

风险登记册								
序列	状态	类别	风险事件	可能性	影响	优先级	风险响应	责任人
1		技术	如果现有技术不支持混合培训解决方案，则课程开发工作无法按计划进行	中	高	中	评估技术并研究方案	罗伯特·克里斯蒂安
2		项目管理	项目经理正在处理几个中型项目。如果项目经理没有时间处理这个小型项目，那么项目活动可能会落后于计划	中	高	中	确定是否可以将部分工作转移给项目分析员，确定行政助理是否能够支持一些常规项目管理活动	西蒙尼·刘易斯
3		设计	同时拥有课程开发专业知识的培训师正在寻找新的机会。如果培训师离开组织，那么项目将失去一个关键资源，教学设计文档可能会延迟交付或不符合质量要求	高	高	高	确保在项目的每个阶段都能进行知识转移	约瑟夫·穆尔

步骤 12：制定沟通文件

沟通规划是确定项目干系人信息和沟通需求的过程。沟通是为了告知、解决问题和做出决定。有效的沟通对项目的成功至关重要。有效的沟通需要项目经理识别干系人，了解他们不同的需求，然后及时地将正确的信息传递给正确的人。

干系人登记册

干系人是指积极参与项目的个人或组织，或其利益可能受到项目执行或完成的积极或消极影响的个人或组织。干系人也可能对项目及其可交付成果施加影响。在项目早期确定项目干系人并评估他们对项目的兴趣、期望、重要性和参与程度是非常重要的。干系人分析将揭示谁是干系人以及如何管理他们。

项目经理可以通过查看项目特征、组织结构图和以前的项目计划以及与已知的相关者交谈来确定干系人，并记住他们的地位或角色。在确定了干系人之后，需要确定每个干系人可能产生的潜在影响或可能提供的支持，以及每个干系人对项目沟通的期望。

干系人登记册包括以下内容。

- 干系人姓名：识别干系人的姓名和职务。
- 部门：识别干系人在组织中的部门名称和职位。
- 角色：确定干系人在项目中的角色。
- 联系信息：列出干系人的联系信息。
- 需求：列出干系人对项目的需求，注意是否需要批准。
- 期望：列出干系人对项目的期望，以及作为项目经理你对项目的期望，确定何时以及如何与干系人沟通。
- 影响：列出干系人的影响程度和类型。
- 战略：记录管理干系人的战略意见。
- 问题 / 关注点：列出干系人表达的任何具体问题或关注点，尤其是干系人要求特别关注的问题或节点。

沟通矩阵

沟通矩阵（见表 7-14）描述了项目的沟通需求和期望。它明确了沟通目的或沟通说明、使用的文件或媒介、受众和频率。

表 7-14　沟通矩阵

沟通矩阵				
序号	沟通的目的 / 描述	使用的文件 / 媒介	受众	频率
1	按计划监控项目进度	项目状态月报	发起人、业务负责人	每月
2	提供总体项目状态	详细的每周状态周报	发起人、业务负责人	每周
3	管理项目问题	问题日志	项目团队	每周
4	会议管理	议程和会议记录	项目团队	每周

责任分配矩阵

如表 7-15 所示，责任分配矩阵（RAM）是一个很好的工具，用于确定如何进行沟通。它也是一个很好的沟通工具，因为它可以用来识别关键的干系人及其在项目中的角色。利用该矩阵，项目经理一眼就能看出每个人对每个可交付成果的责任类型。

如果项目有少量可交付成果和几个干系人，项目经理可以选择一种非正式的方法来传达责任。

对于小型项目，责任分配矩阵可以显示所有项目可交付成果，也可以进行缩放，仅显示主要的可交付成果。

首先在左侧列出可交付成果。在第一行列出关键的干系人或角色，确定每个干系人或角色对每个可交付成果的责任类型。

以下是对可包含在责任分配矩阵中责任类型的说明。如果需要，项目经理可以创建职责。

表 7-15　责任分配矩阵

责任分配矩阵							
A = 批准（Approves） C = 创建（Creates） I = 通知（Informs） R = 回顾（Reviews） S = 支持（Supports）	项目经理 西蒙尼·刘易斯	企业负责人 伊薇特·贝内特	紧急联系人 约瑟夫·穆尔	培训者 罗伯特·克里斯蒂安	顾问 凯莱布·莱特	顾问 蕾切尔·汤普森	分析师 埃德温·斯图尔特
WBS：可交付成果							
1.1 需求	C	A	I	I	I	I	I
1.2 项目规划	C	A	I	I	I	I	I
2.1 商业与培训需求	R	A	C	S	S	S	
2.2 学习目标	I		C	S	R	R	C
2.3 课程设计	R	A	C	S	S	S	
3.1 脚本	I		C	S	S	S	
3.2 原型	I		R	C			
3.3 培训资料	R		S	C	R	R	S
4.1 试生产	S	I	S	C	S	S	S
4.2 试点结果	I	I	S	S	C	C	
5 课程修订	R	A	S	C	S	S	
6 部署	C	I	I	C	I	I	

A：批准。该人员或角色对可交付成果的质量具有决策权。一个可交付成果可能有多个审批人或多个审批级别。

C：创建。负责创建可交付成果的人员或角色。只能指派一个人或一个角色来创建可交付成果。如果有多个人处理一个可交付成果，那么必须由一个人负责领导，其他人负责支持。

I：通知。必须让人员或角色了解可交付成果的进度。

R：审查。人员或角色审查可交付成果。

S：支持。该人员或角色协助开发可交付成果。可交付成果可能需要有多个支持职责。

责任分配矩阵

责任分配矩阵的另一个版本使用 RACI 来定义项目活动中干系人的参与情况。

R：执行——执行工作任务的人。

A：负责——完成项目经理分配的工作并对其质量负责的人。

C：咨询——拥有完成工作所必需的知识和信息的人。

I：通知——应被告知工作状态的人员。

项目日志

项目日志提供了一种组织和轻松访问项目信息的实用方法，其目的是确保项目经理有可用的关键项目数据，因此记录项目日志的笔记本应足够小，以便随时携带。项目日志应包括项目章程、WBS、项目时间表、项目目录、状态报告、风险应对计划和变更请求。

项目日志也可以使用电子归档系统来记录。项目经理应该在项目的早期定义文件结构和位置，并在文件完成后存储文件。Excel 工作簿可用于记录关键项目文档，以便于参考。每个关键文档都可以使用一个单独的选项卡。

步骤 13：制订采购管理计划

采购管理过程包括确定是否需要项目外的货物和服务，如果需要，确定获得什么货物和服务以及如何、何时获得。

对于小型项目，项目经理可能需要使用外部资源来完成项目。组织通常有一份经批准的卖方 / 供应商名单和必须遵循的具体程序。项目经理应制订采购管理计划，以记录如何将采购活动与项目进度协调进行，以及如何选择和管理供应商。

沟通障碍

谈话至少由两方组成，每一方都有各自的需求。如果双方的这些需求不一样，它们可能会对信息的接收造成障碍。有效沟通的障碍包括：

- 不去听，或者只听自己想听的；
- 发送者和接收者对某件事有不同的认知；
- 某些词语对不同的人来说具有不同的意义；
- 忽略非言语线索。

步骤 14：更新假设日志

在规划过程中，项目经理应与项目团队合作，更新现有的假设和约束，包括在计划活动中确定的新的假设和约束。

步骤 15：制订项目管理计划

项目管理计划是一份正式的、经批准的文件，它定义了如何执行、监控和控制项目。它可以是一个粗略的计划，包含一些规划文件；也可以是详细的计划，包含所有的规划文件。项目计划经常被重新审视和修订。项目计划的最终版本由项目发起人批准，并以基线形式保留绩效度量。基线计划是对项目执行情况进行度量的项目工作的批准计划。任何偏离此计划的情况都会出现在用于监控项目活动的报告中。

小型项目可能不需要正式的项目计划。采用部分或全部计划的子版本或独立版本足以管理项目。附属计划也被基线化并用于跟踪项目绩效。在没有正式项目计划的情况下，关键计划文件由项目发起人批准。

项目管理计划包括：

- 项目范围说明书；
- WBS；
- 项目进度表；
- 项目预算；
- 质量标准和度量；
- 风险管理计划；
- 采购策略和投标文件。

项目计划还包括规划所需的以下项目文件：

- 需求文件；
- 假设和约束日志；
- 可交付成果清单；
- 风险登记册；

- 干系人登记册；
- 沟通矩阵；
- 责任分配矩阵。

步骤 16：获得发起人的批准

规划文件在制定完成并经过项目团队和其他项目干系人的审查后，还必须经过项目发起人的批准。

相关领导力

项目经理负责创建一个成员可以共享项目信息的环境。规划领导活动包括：

- 选择适当的过程级别，包括正确的工具和技术，确保团队了解并遵循过程；
- 在适当的时间吸引适当的人；
- 定义干系人的期望，并确定如何管理这些期望；
- 确定和规划资源的使用；
- 召开项目启动会议，结合团队建设活动来激励团队合作；
- 促进规划会议。

计划成功的关键

计划成功的关键包括以下方面。

- 计划并准备重新计划。
- 让项目工作人员参与工作计划。

- 利用头脑风暴会议让团队参与。
- 利用决策工具和技术促进规划过程。记住，你越早发现问题，就越容易解决。
- 在项目计划中包括项目进度表以外的内容，并包括所有计划文件。
- 收集项目需求并确定项目范围。
- 记录假设和约束条件。
- 了解组件间的逻辑关系并为其制订计划。默认情况下，大多数关系都是从完成到开始的关系，其中后置任务取决于前置任务的完成情况。其他需要仔细考虑的关系是完成—完成（后继者的完成取决于前置者的完成）和开始—开始（后继者的开始取决于前置者的开始）。可以在项目进度表中添加一列，以指示任务或可交付成果的依赖关系。
- 如果项目管理软件不可用，则可以使用 Word 或电子表格软件应用程序对小型项目进行规划。人们可以很容易地手工绘制或使用大纲格式制定 WBS。
- 协商关键项目资源。
- 在新项目开始时利用以前项目的经验教训。
- 将项目文件保存在项目笔记本中，并在项目开始时建立电子归档系统。
- 记住，如果没有计划，你将无法控制项目。
- 获得发起人批准。

7.3 规划过程指南

规划过程指南

说明

计划对于确保项目能够按时、在预算内、按照规范交付是很重要的。执行的计划量应与项目范围和所开发信息的有用性相称。规划过程定义和完善了目标，并规划了实现项目目标和范围所需的行动方案。

目的

规划过程的目的是定义工作并确定完成项目所需的资源。

输入

- 项目章程
- 假设日志
- 工具和技术
- 需求收集指南
- 项目范围说明书模板
- 假设和约束条件模板
- WBS 说明
- 可交付成果 / 任务清单模板
- 项目进度指南
- 成本模板
- 质量指南
- 风险识别和分析指南

- 风险管理计划模板
- 风险识别指南（包括风险类别、信息收集和头脑风暴技术）
- 风险登记册模板
- 风险分析指南（包括概率和影响量表以及概率和影响表）
- 风险应对策略指南
- 干系人登记册模板
- 沟通矩阵模板
- 责任分配矩阵模板
- 采购管理计划模板
- 项目计划模板

输出

- 需求文档
- 项目范围说明书
- WBS（图形或大纲）
- 高优先级可交付成果清单
- 详细的可交付成果清单 / 活动清单
- 项目进度表
- 项目预算
- 质量标准和度量
- 风险登记册
- 干系人登记册
- 沟通计划

- 采购管理计划
- 更新假设日志
- 项目计划

程序

（1）准备策划活动

（2）收集需求

（3）制定项目范围说明书（包括假设和约束条件）

（4）制定 WBS

（5）制定活动和里程碑清单

（6）估算工作量和持续时间

（7）制订项目进度计划

（8）制定项目预算

（9）确定质量标准

（10）识别和获取资源

（11）识别、分析风险，规划风险应对措施

（12）制定沟通文件

（13）确定采购策略并编制投标文件

（14）更新假设日志

（15）制订项目计划

（16）获得发起人批准

第 8 章

简单项目的规划

对于简单项目来说，定义工作和确定完成项目所需的资源很重要。简单项目一般涉及三个或三个以下的成员，并且在短期内完成，任务的依赖性很小，与其他项目没有太多的关联性，一般产生三个或更少的可交付成果。但简单项目仍然得益于规划。你仍然需要确定如何实现目标、谁来做这项工作、何时完成这项工作，必要时还需要确定成本。

8.1 规划过程概要

与小型项目的规划相比，简单项目的规划所需的步骤更少。许多活动都简化了，可根据需要使用小型项目的工具和技术。无论使用的详细程度如何，按照流程步骤进行规划仍然是有利的。简单项目的规划流程包括收集需求、定义项目范围、制定 WBS 和可交付物清单。在定义了可交付物之后，根据项目的规模，项目经理应该制订一个行动计划、一个待办事项清单，或者两者兼而有之。此外，与项目干系人进行沟通也很重要。如果需要更详细的规划，项目经理应该使用小型项目规划工具。

8.2 规划步骤

简单项目的规划步骤如下：

（1）为规划活动做准备；

（2）收集需求；

（3）制定项目范围说明书；

（4）制定 WBS；

（5）制定行动计划或待办事项清单；

（6）确定资源；

（7）规划项目沟通。

步骤 1：为规划活动做准备

使用为小型项目设计的工具会使简单项目的规划过程过于复杂，然而，如果什么都不用，项目经理会很快失去对项目目标的关注。下面的过程假设简单项目几乎没有风险，而且成本不必由项目经理跟踪。例如，修订流程的任务可以被认为是一项部门活动，成本作为基础预算或部门预算的一部分被吸收。

项目经理在规划过程中首先要审查精简版项目章程和提供了项目背景信息的文件。项目经理还应该花时间回顾以前项目的经验教训。

步骤 2：收集需求

收集需求是定义和记录利益干系人对实现项目目标的需求的过程，即使是简单的项目也有需求。记住，这些项目的持续时间很短，持续时间越短，返工的时间越少。有了清晰明确的需求，项目经理就可以在项目开始的时候朝着正确的方向前进。对于简单项目，收集需求包括记录项目发起人的需求和期望，也可以包括从其他干系人那里获得的信息。收集需求时可以使用非正式的方法，如讨论、头脑风暴和思维导图等。需求可以被记录下来，记录时项目经理应获得干系人的同意。

步骤 3：制定项目范围说明书

对于简单项目来说，一个确定的范围是至关重要的。明确的范围能够使项目经理更好地了解项目中包括哪些内容、不包括哪些内容。这也有助于确保项目经理将资源用在正确的事情上。项目范围说明书应该详细定义项目的可交付成果和完成这些可交付成果所需的工作。项目经理应该在精简版项目章程确定的项目范围、主要交付物、假设和约束条件的基础上进行阐述。项目范围说明书是其余计划活动的基础，可用于项目控制。

步骤 4：制定 WBS

WBS 是显示一个简单项目的组成部分的良好工具，它被分解到执行项目所需的详细程度。无论是自上而下还是自下而上的方法都可以用于 WBS 的开发。但是，WBS 所包含的层次不应超过三个。关于 WBS 的细节，请参考第 7 章。图 8-1 是一个项目管理演示项目的 WBS 的例子，它包含两个层次：为启动、规划、控制和收尾过程开发演示幻灯片的可交付成果，并只为规划和控制过程提供活动。其余两个可交付成果是讲义和项目管理。

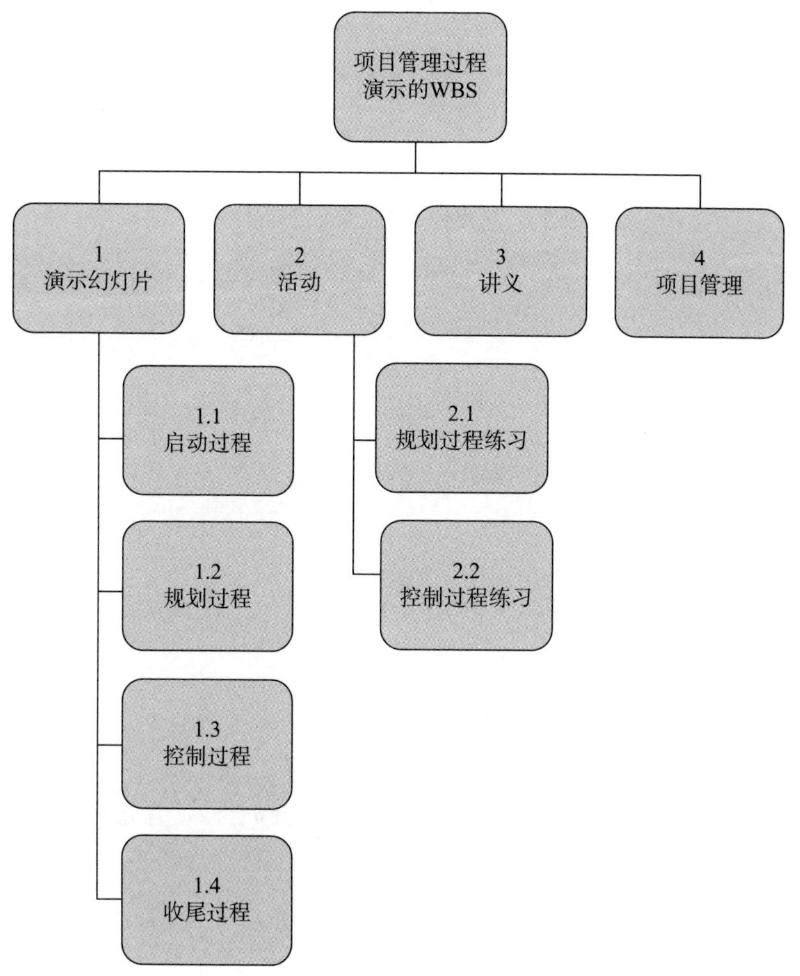

图 8-1 项目管理过程演示的 WBS

更简略的活动是只制定一个可交付成果清单。如有必要，项目进度表的电子表格也可以用来显示可交付成果、任务、资源、工作量和成本的摘要或活动级项目信息。

步骤 5：制订行动计划或待办事项清单

行动计划（见表 8-1）是完成可交付成果所需的活动清单。行动计划通常在几周内完成，这是一个简单项目的可交付成果的常见期限。跟踪与简单项目相关的工作是一种很好的做法，因为跟踪有助于确保没有遗漏。一个简单项目可能有三个可交付成果。行动计划将显示这三个可交付成果和每个可交付成果的活动，以及活动将在何时完成、由谁来完成。行动计划类似于可交付成果的任务清单。

表 8-1　项目管理流程演示行动计划

WBS	活动	资源	开始时间	结束时间	状态
1	演示幻灯片				
1.1	启动过程				
	制定启动过程幻灯片	赫曼・爱德华	5 月 2 日	5 月 2 日	
	最终确定启动过程幻灯片	赫曼・爱德华	5 月 8 日	5 月 12 日	
1.2	规划过程				
	规划过程幻灯片演示	赫曼・爱德华	5 月 2 日	5 月 5 日	
	最终确定规划过程幻灯片	赫曼・爱德华	5 月 8 日	5 月 12 日	
1.3	控制过程				
	制定控制过程幻灯片	赫曼・爱德华	5 月 2 日	5 月 3 日	
	最终确定控制过程幻灯片	赫曼・爱德华	5 月 9 日	5 月 12 日	
1.4	收尾过程				
	制定收尾过程幻灯片	赫曼・爱德华	5 月 4 日	5 月 5 日	
	最终确定收尾过程幻灯片	赫曼・爱德华	5 月 9 日	5 月 12 日	
2	活动				
2.1	规划过程练习				
	开发规划过程练习	凯莱布・莱特	5 月 8 日	5 月 10 日	
	完成规划过程练习	赫曼・爱德华	5 月 13 日	5 月 14 日	
2.2	控制过程练习				
	开发控制过程练习	瑞秋・汤姆斯	5 月 8 日	5 月 10 日	
	完成控制过程练习	赫曼・爱德华	5 月 13 日	5 月 14 日	
3	讲义				

（续表）

WBS	活动	资源	开始时间	结束时间	状态
3.1	制定讲义	埃德温·斯图尔特	5月8日	5月10日	
	最终确定讲义	赫曼·爱德华	5月13日	5月14日	
4	项目管理				
	计划项目活动	赫曼·爱德华	5月1日	5月2日	
	监控项目活动	赫曼·爱德华	5月3日	5月14日	

待办事项清单是你在某一特定时期需要完成的所有任务的清单。它集合了不同项目的任务。待办事项清单上的任务是有优先级的，所以你可以按照优先级的顺序来完成它们。

步骤6：确定资源

项目资源可能包括团队成员、材料或用品。资源规划用于确定一种方法，以确保在需要时有足够的资源。

对于简单项目，项目经理应确定并记录所需的资源和时间。

步骤7：规划项目沟通

沟通规划是确定项目干系人的信息和沟通需求的过程。沟通是提供信息、解决问题和做出决策的必要条件。简单项目也有很小但仍然重要的需求沟通。项目干系人需要参与进来，通过充分的沟通确保流程到位以及了解项目进展。

对于简单项目，项目经理应该决定项目需要哪些沟通文件或沟通文件有哪些组成部分。干系人登记册允许项目经理识别和记录干系人的需求和期望；沟通矩阵描述了项目的沟通需求和期望；责任矩阵确定了沟通的方式和对象；而项目笔记本则提供了一种实用的方式来组织和获取项目信息。

相关领导力

- 选择适当的流程层次。
- 识别项目干系人，了解他们的期望，确定他们的沟通需求。
- 让干系人参与规划会议。

规划成功的关键

- 即使是最简单的项目，也要进行某种形式的规划。
- 根据需要使用为小型项目定义的工具和技术。然而，应该进行特定形式的规划，以确保理解需求，并确保项目能按时交付。

8.3 简单项目规划过程指南

简单项目规划过程指南

描述

简单项目一般持续时间短，不需要详细的规划。但应进行特定形式的规划，以确保团队成员了解需求，保证项目按时交付。

目的

项目规划的目的是确定工作及完成项目所需的资源。

输入

- 精简版项目章程

工具和技术

- WBS 指示
- 行动计划模板
- 确定资源
- 待办事项模板

输出

- 所需经费
- 项目范围说明书
- WBS（图形或大纲）
- 行动计划
- 待办事项清单
- 通信文件

程序

（1）为规划活动做准备

（2）收集需求

（3）制定项目范围说明书

（4）制定 WBS

（5）制订行动计划或待办事项清单

（6）确定资源

（7）规划项目沟通

第9章 控制

在计划已经全部到位后，下面的重点是执行、监督和控制项目活动。对于小型项目来说，这三个过程是结合在一起的，为了简单起见，我们称之为控制。保持所有项目文件的时效性是很重要的。这些活动不应该过于耗费时间，因为在计划阶段对工具和技术的选择是基于项目需要的。如果过程开始变得烦琐，那么项目经理应根据需要进行调整。

9.1 控制过程概要

《PMBOK® 指南》（第6版）提供了以下定义。

- 执行过程组包括“完成项目管理计划中确定的工作，以满足项目要求的一组过程”。这个过程组涉及协调人员和资源，管理利益干系人的期望，以及根据项目管理计划整合和执行项目的活动。
- 监控过程组包括“跟踪、审查和调整项目进度与绩效，识别必要的计划变更并启动相应变更的一组过程”。这个过程组的主要好处是，可以定期对项目绩效进行测量和分析，列出适当的事件或例外情况，找出项目管理计划与实际结果的差异。

9.2 控制过程活动

控制就是将实际绩效与计划绩效进行比较，分析差异，并在必要时提出适当的纠正措施。在 SPM 方法中，控制还包括协调人员和资源、管理利益干系人的期望，以及监控正在进行的项目管理活动。

控制项目的范围以防止范围外延是很重要的。范围外延是指在没有解决对时间、成本和资源的影响，或者没有获得客户批准的情况下，就在项目中增加特性和功能。为了控制项目，项目经理应该将规划过程中制订的计划与项目的实际结果进行比较，然后找出差异并分析。项目经理必须确定差异产生的原因，并决定如何应对差异。项目经理还应该向项目干系人通报项目的进展情况。

控制活动不是按顺序进行的。有些活动是定期进行的，有些活动是在需要时进行的。以下是控制活动的清单。

- 更新项目进度。
- 控制成本。
- 准备状态报告。
- 管理问题。
- 更新风险登记册。
- 评审和批准可交付成果。
- 管理变更。

更新项目进度表

项目经理应每周审查并更新项目进度表：更新本周已完成的活动，以显示完成状态；审查剩余的活动，以确定本周的重点工作；审查任何落后于计划的活动，并立即决定如何回到正轨。如果不改变项目范围，为实现管理目的所需的任何额外的工作细节都可以添加。有时，工作可能是在可交付层面上规划的，为了更好地对其进行控制，需要任务层面的信息。只有在必要的情况下，才需要加入额外的细节。记住，项目进度表越详细，就需要越多的时间来维护它，目标是为每个项目提供适当的细节量。

即使是小型项目有时也会遇到麻烦。项目经理应该注意项目走向麻烦的迹象。例如，每周延迟的活动数量不断增加，或者计划与实际的差异越来越大，这些警告信号不应该被忽视。项目经理应该与团队紧密合作，确定原因。如果确定不能满足原来的估算，项目经理就应按照变更控制流程进行新的估算。

控制成本

控制成本是监测项目状况以更新项目预算和管理成本基线变化的过程。项目预算是用来控制项目成本的，应定期审查，将计划支出与实际支出进行比较，并找出差异。应分别跟踪每个成本类别的支出（如人工、材料、设备、耗材、许可证费、培训、差旅和餐饮）。这将增加差异分析的价值，因为它能使项目经理确定是什么原因导致了差异，并确定需要采取哪些纠正措施。项目成本可以按项目阶段以及时间段进行分析。时间段预算可以让你按时间段跟踪支出。

准备状态报告

小型项目的状态报告可以很简单，每周制定一次。团队应在会议期间或通过电子邮件向项目经理汇报最新情况。项目经理应完成一份报告，并将其分发给项目发起人和其他项目干系人。状态报告应包括项目描述、项目整体状态、主要成就、项目差异、下期计划和项目问题。

常见的状态报告是交通灯报告。交通灯报告是指用绿色、黄色和红色指示灯对项目进行整体总结。

- 绿色表示项目正在进行中。
- 黄色表示警告，有一些迹象表明项目可能无法达到预期标准。
- 红色表示项目有问题，错过了一个关键的里程碑。

这种类型的状态报告很有价值，因为它可以使阅读者立即关注问题区域。这种状态报告应该包括进度和成本指示灯，以及对指示灯颜色的解释。制作交通灯报告的一个简单方法是在状态报告的“整体项目状态”部分使用“绿色”“黄色”或“红色”作为指示灯。

另一种非常简单的报告差异的方法是将其分为三类。

- **原因**——是什么导致了进度或成本差异的产生，比如，所需的资源没有到位，天气导致延误，没有在预期时间获得批准等。
- **影响**——对剩余活动的影响是什么，比如，安装时间将推迟三天，我们必须重新安排分包商的时间等。
- **纠正**——将采取什么措施来恢复进度或减少一些未来的费用，比如，试着将几个活动同时进行，为关键活动支付加班费使其按计划进行等。

状况报告示例

今天是 3 月 30 日，西蒙尼已经编写了她的每周状态报告（见图 9-1）。她有些担心可能会失去一个关键资源，因此她给状态报告中的资源部分设置了一个黄色指示灯，与此相关的问题也被记录下来。案例研究和实践项目本应在 3 月 30 日完成，但还没有完成，顾问们计划在下周完成这些任务。

项目状态报告

项目目标
编制一门初级项目管理课程，从 20×× 年第三季度开始向公众提供。该项目将包括为主讲人和学员编写课堂培训资料

总体项目状况

范围	绿色	满足要求，不改变范围
时间表	绿色	按计划进行
预算	绿色	符合预算
资源	黄色	培训师可能会离开项目

里程碑状况

编号	里程碑	计划结束	实际结束	备注
1	需求定义	2020 年 2 月 27 日	2 月 25 日	完成
2	教学设计完成	2020 年 3 月 18 日	3 月 18 日	完成
3	课程开发	2020 年 4 月 13 日		关联问题 No.1
4	实验开始	2020 年 4 月 15 日		未开始
5	课程资料完成	2020 年 5 月 13 日		未开始

图 9-1　项目状态报告（a）

问题

编号	描述	行动
1	全职培训师在该公司获得了另一个职位，可能无法完成培训资料	知识迁移会议在团队内部进行。项目发起人将与两个部门的经理会面，以确定培训师是否能继续为这个项目工作

本阶段成果

- 创建故事板
- 为故事板开发内容
- 开发功能原型

下一阶段计划

- 完成案例分析
- 完成实践项目
- 开始编写培训资料

后期活动

开发案例研究和开发实践项目都是滞后的，将在下周完成

图 9-1　项目状态报告（b）

管理问题

发现和解决问题非常重要。问题是指有困难或有争议的点或事项，它将阻碍项目的进展。

小型项目的问题应该不多，但是，如果发现了问题，项目经理应该将问题记录在案，并制订解决方案。由于问题数量少，小型项目可能不需要正式的问题日志。项目经理应立即将问题和解决方案告知项目发起人。问题可以被记录在状态报告中的问题部分。这些信息应包括问题描述、解决方案、当前状态、指定人员和预计完成日期。对于小型项目来说，没有必要确定优先级，因为时间是最重要的。任何出现的问题都应被视为需要立即解决的高优先级问题。

如果确定有必要进行正式的问题记录，那么记录内容应包括问题描述、优先级、确定问题的日期、确定问题的人的姓名、负责解决问题的人的姓名、目前的状态、解决日期和解决办法。

项目经理应该有一个明确的问题升级流程，该流程应传达给项目团队并由项目团队遵守。升级流程应确定团队解决问题的时间框架，以及如何处理团队在该时间框架内无法解决的问题。

更新风险登记册

小型项目的风险管理活动很少。但是，如果确定了风险，项目经理应定期审查风险应对计划。对计划的更新包括确定额外的风险和风险优先级的变化，更新状态，以及关闭不再适用的风险。

评审和批准可交付成果

小型项目通常没有正式的质量计划。但重要的是，要将质量纳入可交付成果评审和批准过程。可交付成果评审包括过程中的评审和完成后的评审。在过程中的可交付成果评审中，项目经理应根据需要与项目发起人和其他利益干系人会面，验证可交付成果是否符合他们的期望。过程中的评审提供了一个进行中期修正的机会。在完成后的可交付成果评审期间，项目经理要确保每个可交付成果都能满足利益干系人的需求，并且利益干系人愿意承担其所有权。

项目经理应该得到对最终可交付成果的正式批准。它可以通过电子邮件的形式来确认。可交付成果评审和批准日志可以用来跟踪可交付成果的进展。该日志也可以作为提供可交付成果超链接的内容文档。

可交付成果评审和批准报告范例

现在是5月16日，迈克尔已经收到并储存了可交付成果。他选择使用可交付成果评审和批准日志（见图9-2）作为内容文档，并为可交付成果设置了超链接，以方便查阅。

对可交付成果的评审和批准

项目目标
制定一个初级项目管理课程，从 20×× 年第三季度开始向公众提供

WBS	里程碑	收到日期	评审状态	文件名和位置
2.1	商业与培训需求	2 月 25 日	由业务负责人伊薇特・贝内特审核	• PMOC 商业需求 • 项目团队网站
2.2	学习目标	3 月 10 日	由项目经理西蒙尼・刘易斯审核	• PMOC 学习目标 • 项目团队网站
2.3	课程设计	3 月 18 日	由业务负责人伊薇特・贝内特审核	• PMOC 课程设计 • 项目团队网站
3.1	脚本			
3.2	原型的设计			
3.3	培训资料			
4.1	试点交付			
4.2	试点结果			
5	课程修订			
6	部署			

图 9-2　对可交付成果的评审和批准

管理变更

变更控制是对项目范围的管理。对于小型项目来说，范围变更并不经常发生，但它们可能包括增加或删除可交付成果、改变完成工作所需的工作量或持续时间，或改变项目预算。如果需要进行范围变更，项目经理应该记录变更，并确定其在工作量、成本和工期方面对项目的影响。范围变更请求要传达给项目发起人，在对计划进行变更之前，发起人必须对该请求进行处理。如果范围变更请求被批准，项目经理应该更新项目进度表，并将变更传达给项目干系人。

变更请求要么被接受，要么被拒绝。项目经理可以通过使用项目变更日志来监控变更请求的类型、频率和状态。项目变更日志应采用电子表格的形式，内容包括变更编号、变更标题、变更描述、提交人、提交日期、决定和状态。项目变更日志还可用于跟踪项目日期和预算变更，以及项目经理认为对管理项目范围变更重要的任何其他变更。

小型项目面临麻烦的迹象

这里有一些迹象表明，一个小型项目正在走向麻烦。

- 错过了到期日。
- 没有范围控制——在没有评估影响和获得批准的情况下就增加工作。
- 项目计划不是最新的或不存在。
- 项目数据杂乱无章或缺失。
- 项目团队功能失调。

小型项目不应该有很多变更。在例外情况下，项目经理应使用变更请求日志来跟踪变更。该日志应包括范围变更请求、范围变更描述、责任、请求日期、解决日期、状态和解决方法。

变更请求示例

西蒙尼为团队取得的进展感到高兴，但项目开始时发现的风险却成为一个问题，即现有的技术将不支持混合培训解决方案，因此，需要额外的资金来购买技术和雇用技术资源来实施解决方案。为此，西蒙尼填写了一份变更申请（见图 9-3），该变更获得了批准。

变更申请

变更编号	变更标题
7	“项目管理概述”课程技术的混合培训
变更说明	
现有技术不能提供混合培训解决方案所需的能力。为了达到商业与培训的需求，该项目需要购买额外的技术，并聘请一名技术人员来支持实施	
评估	
培训需求分析显示了混合培训解决方案的重要性。现有的工具无法与拟订的解决方案配合使用	
影响	
预算必须增加 20 000 美元，以支付技术和技术资源。为适应新的实施和培训资料的开发计划，项目团队的到期日需要延长 30 天	

决策	备注
■ 同意	
□ 延期	
□ 拒绝	

批准人：伊薇特・贝内特，培训主任，业务负责人
玛丽・威利，培训副主席，项目主办人

图 9-3　变更申请

9.3 行动方案

小型项目不需要单独的行动项日志。行动项是在项目期间发生的计划外活动，需要的努力不多（通常是每天几个小时），持续时间短（通常不超过几个星期）。大多数行动项是在会议期间确定的，并分配给团队成员，因为需要讨论来回答一个问题或完成一项活动。可以通过两种方式中的任何一种来处理行动项：将其添加到项目时间表中，或者在会议记录中实施监控。如果你需要跟踪行动项，请参考第 8 章的行动计划示例。

相关领导力

项目经理负责项目的执行、监督和控制。控制性领导活动包括：

- 对项目负责；
- 了解团队发展的各个阶段，对团队的需求做出反应，建立和授权团队；
- 坚持让团队成员使用项目管理流程；
- 促进问题解决和决策会议；
- 跟踪问题并推动问题的解决；
- 启动与所有利益干系人的项目沟通。

控制成功的关键

控制成功的关键包括：

- 仔细监控项目进度，应对差异，并与利益干系人沟通；
- 管理问题和风险，必要时上报；
- 识别所要求的变更对项目资源、进度和预算的影响，并在获得批准后将变更纳入项目；
- 有一个积极的态度，特别是在困难时期。

9.4 控制过程指南

控制过程指南

描述

执行过程和控制过程同时进行。执行是完成项目管理计划或规划文件中规定的工作的过程。控制是衡量和监控项目活动的过程，以便在必要时采取纠正措施。

目的

执行和控制过程的目的是确保项目按期进行所需的活动。控制活动不是按顺序进行的。有些活动是定期进行的，有些活动只在需要时才进行。

输入

- WBS
- 高级别交付成果清单
- 详细的可交付成果 / 任务清单
- 项目进度表
- 项目预算
- 风险登记册
- 沟通计划
- 项目计划

工具和模板

- 状态报告模板
- 问题日志模板

- 可交付成果评审和批准日志模板
- 范围变更请求模板

输出

- 更新了的项目进度表
- 更新了的风险登记册
- 状态报告
- 问题日志
- 范围变更请求

活动

（1）更新项目进度表

（2）控制成本

（3）编写状态报告

（4）管理问题

（5）更新风险登记册

（6）评审和批准可交付成果

（7）管理范围变更

第 10 章 收尾

项目将在此阶段结束。当项目完成时，项目经理需结束所有项目活动。对小型项目而言，这意味着什么？在结束一个简单项目时又有多少手续需要处理？

10.1 收尾过程概要

《PMBOK® 指南》（第 6 版）中将收尾过程组定义为：“正式完成或关闭项目、阶段或合同而开展的过程。”收尾过程的结束意味着完结一个项目或阶段所定义的过程均已得到妥善处理，并正式确定项目已完成。

收尾过程不仅对当前项目至关重要，对未来项目的成功也同等重要。小型项目较容易收尾，重点是管理收尾，更确切地说是交付项目输出及结束项目。项目经理需要收集项目的记录，分析项目的成功或失败，总结经验教训，撰写项目结项报告，归档项目信息以备未来使用。

10.2 收尾过程活动

收尾过程的活动包括以下内容：

- 关闭项目文件；
- 评估项目；
- 总结经验教训；
- 撰写结项报告；
- 归档项目文件。

项目经理需要使用项目结项清单来确保没有遗漏关键的结项活动。需要注意的是，这些内容属于活动而非步骤，因为它们之间没有顺序关系。

项目结项清单示例

在项目收尾时，西蒙尼准备了一个项目结项清单，如图 10-1 所示。

活动 1：关闭项目文件

此时，所有可交付成果均已完成，项目经理也拿到了必要的验收签字。可交付成果评审及批准清单也已完成。项目经理需要做如下工作。

- 回顾项目计划，确保所有工作均已完成。
- 撰写及分发项目结项状态报告，通知项目干系人项目已完成。
- 确保没有严重的问题遗留。所有问题状态都应该被关闭，或者都由负责执行的人员给出决策反馈。
- 确认是否有项目风险需要转交给运营环节。
- 审核项目预算，确定超过预算的部分将会带来何种结果。

项目结项清单

项目管理

编号	描述	完成与否
1	可交付成果评审	是
2	问题解决	是
3	撰写结项状态报告	是
4	符合成功标准	是
5	释放资源	是
6	完成项目调查	是
7	交付总结经验	是
8	撰写结项报告	是
9	项目信息归档	是

未完成事项的原因

编号	原因

图 10-1　项目结项清单

活动 2：评估项目

项目评估的目的在于对实际产出与计划进行比对。项目经理需要确保所有要求都得以满足，且都符合成功标准。可以通过向项目干系人发放项目调查问卷（见图 10-2）来收集此类关键信息。

项目调查问卷

项目管理

序号	描述	SA	A	N	D	SD
1	项目遵循的方法					
2	项目使用了适当的工具					
3	花费足够的时间在制定项目活动上					
4	花费足够的时间进行项目活动监控					
5	范围变更受到控制					
6	项目会议得到组织并且是高效的					
7	项目符合其目标					
8	项目沟通对所有项目干系人而言清晰明了					

项目研发

序号	描述	SA	A	N	D	SD
1	使用合适的研发方法					
2	项目需求定义清晰					
3	设计遵循项目需求					
4	项目可交付成果得到评审并审核通过					
5	足够的测试得到执行					
6	验收标准达成一致并以文档形式留存					

说明：SA＝非常同意，A＝同意，N＝无建议，D＝不同意，SD＝非常不同意

图 10-2　项目调查问卷

项目经理必须识别项目结束后仍需履行的职责，并与相关人员共同执行这些职责。这同时也是一次能够帮助项目各环节为将来项目审计及效果评估活动做准备的好机会。

活动 3：总结经验教训

任何从项目执行过程中学到的东西都可以称为经验教训，其通过文档形式存

档，反映项目正面或负面的经验。尽管我们通常在收尾过程中讨论经验教训，但对经验教训的总结及收集可以在项目的任何时间点进行。

项目经理需组织团队进行经验教训的总结活动。在总结过程中，参与者应识别使用项目管理过程组及具体执行项目中所学到的经验。这里需要回答 4 个关键问题：

（1）什么做得好？

（2）什么做得不好？

（3）哪些地方需要改进？

（4）是否有建议？

项目团队成员需要参与到经验总结活动中，并邀请项目发起人及关键干系人。项目经理不应成为总结活动的协调者或经验教训报告的撰写者，选择一个与本项目关系不太近的人来负责此事会更好，如其他项目的项目经理。

当然，并不是开了经验教训总结会就万事大吉了，此过程总结的信息需要被记录并存档，以便日后可追溯。团队还需对这些经验教训加以应用（见图 10-3）。通常在开始一个新项目前，团队应回顾上一个类似项目的经验教训，并将其分享给需要的成员，同时使用这些信息来制定项目风险减轻策略。如果不总结当前项目的经验教训，那么未来的新项目将无法从过往项目中获益。

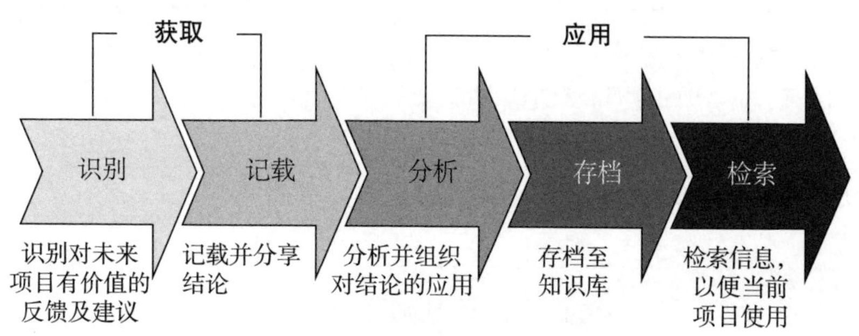

图 10-3　项目经验教训的总结及应用

对于小型项目和简单项目而言，若无法举行正式的经验教训总结会，项目经理仍能获取相关信息并将其应用于未来的项目。图 10-4 就是一个简化版的可用于小型项目的经验教训报告，展示了部分来自“项目管理概述”课程的信息。

经验总结报告示例

项目管理过程	
启动（项目章程、项目角色及职责）	
什么做得好	项目章程对项目的目标及范围进行了澄清
什么做得不好	
哪些需要改进	
所需行动	无

规划（WBS、项目计划、沟通、资源）	
什么做得好	
什么做得不好	
哪些需要改进	
所需行动	

监控（计划维护、任务管理、风险管理、绩效报告、变更控制、干系人管理、团队建设）	
什么做得好	变更控制预防了范围蔓延
什么做得不好	不是所有问题都被记录下来
哪些需要改进	应该使用一张单独的问题跟踪清单来跟踪问题状态
所需行动	创建一张单独的问题跟踪清单

收尾（项目评审、经验教训总结、项目归档）	
什么做得好	开展了项目经验教训总结
什么做得不好	
哪些需要改进	进行更结构化的文档版本管理
所需行动	

图 10-4　经验总结报告示例（a）

研发过程	
需求	
什么做得好	需求清晰
什么做得不好	
哪些需要改进	
所需行动	

设计	
什么做得好	
什么做得不好	
哪些需要改进	
所需行动	

开发	
什么做得好	
什么做得不好	
哪些需要改进	
所需行动	

实施	
什么做得好	
什么做得不好	
哪些需要改进	
所需行动	

实施后	
什么做得好	
什么做得不好	
哪些需要改进	
所需行动	

图 10-4　经验总结报告示例（b）

总结经验教训的过程

至少要在每个项目的结尾进行一次项目经验教训总结。其过程需涵盖如下活动。

- 识别：识别对未来项目有价值的反馈及建议。
- 记载：记载并分享结论。
- 分析：分析经验教训对结论的应用。
- 存档：将经验教训存档至知识库。
- 检索：检索信息，以便当前项目使用。

以下是如何使用经验教训的方法：

- 在开始一个新项目前，先查阅相关经验教训信息；
- 通过分析经验教训识别出需要进行改进或培训的过程；
- 通过使用经验教训来制定项目风险减轻策略。

这里给出了一些在项目前期、中期、后期三个阶段进行经验教训总结时需要进行的活动：

- 要求项目参与者填写项目调查问卷，旨在让参与者了解在经验教训总结过程中需要讨论的内容；
- 组织经验教训总结会的协调人在会前阅读关键项目文档，并准备一份待讨论话题的清单；
- 准备一块写有经验教训目录的挂图板；
- 就上述经验教训进行讨论；
- 讨论的重点是过程本身而非人，经验教训总结会不应该演变成一个指责某人的会议；

- 会议结束后，向所有参与者发放一份会议讨论内容的副本，以供大家核对并提供必要的补充信息；
- 准备一份总结报告并发送给项目干系人。

活动 4：撰写一份项目结项报告

若需要更加正式，项目经理可以准备一份项目结项报告。这是一个可选项，因为小型项目不需要达到这种详尽程度。但如果能将关键的结项信息都汇总并记录在一份文档中，仍是一个不错的选择。项目结项报告用来评估项目成功与否，并为将来的项目提供必要信息。结项报告还包括项目评审及经验教训总结的相关信息。

结项报告应在项目快结束时启动，并在将项目最终可交付成果转交至用户时完成。此报告同样适用于被终止的项目。

结项报告应该包括以下信息。

- **结项的原因**：明确结项的原因，所有活动均已结束或项目被取消的原因。
- **结项后的职责**：识别运营环节所需的活动。这一环节还可用来标注出那些在项目过程中被识别出但不在项目范围内的可改进项。
- **项目绩效**：项目绩效与项目目标的比对描述了项目是如何实现项目章程中定义的目标的。
- **绩效与成功标准比对**：描述项目是如何与项目章程中定义的成功标准进行比对的。
- **绩效与计划比对**：描述项目实际执行情况与项目计划的比对。
- **绩效与预算比对**：描述项目实际执行情况与项目预算的比对。
- **经验教训**：什么做得好——识别项目中做得好的工作；什么做得不好——识别项目中做得不好的工作；什么需要改进——识别项目过程中

遇到的需要进行过程改进或者培训的部分；建议——罗列出建议信息。

项目结项报告示例

项目已完结，项目团队完成了项目调查报告并参与了经验教训总结会。米切尔用经验教训报告中的结论，并结合其他的项目矩阵信息完成了项目结项报告（见图 10-5）。

项目结项报告

项目结项原因
所有可交付成果均已完成

项目结项后的职责
培训部门需要对项目课程资料进行更新

项目绩效	
绩效与目标比对	20×× 年第三季度对外发布项目管理初级课程
绩效与成功标准比对	课程资料得到实验团队的批准
绩效与计划比对	项目按计划完成
绩效与预算比对	项目在预算内完成

经验教训	
什么做的好	项目章程定义了项目范围，变更控制过程预防了项目范围蔓延
什么做得不好	未对所有问题进行记录
什么需要改进	问题管理
建议	制作一张问题日志表

图 10-5　项目结项报告

项目庆功

项目经理需要奖励团队成员的成功。以下为一些奖励活动的例子：

- 团队午餐；
- 工作结束后的招待会；
- 证书及奖励；
- 感谢信；
- 办公用品；
- 认证奖励。

活动 5：项目信息归档

文档管理系统对电子化存储项目信息至关重要。文档管理系统便于在项目执行期间检索相关信息并为将来的新项目提供历史数据。项目经理不应等到项目结束时才开始存储项目信息。文档管理系统需包括文档路径、命名及格式、版本号、留存 / 清除标准、备份指引。

相关领导力

收尾阶段的领导活动包括以下几项：

- 带领项目实现完结并将完结状态同步给项目干系人；
- 安排经验教训总结会议；
- 认可项目团队的出色工作。

成功完结项目的关键

成功完结项目的关键如下：

- 保证项目目标已达成；
- 保证所有可交付成果已完成；
- 归档项目文档；
- 庆祝项目成功。

10.3 收尾过程指南

收尾过程指南

描述

- 对产品、服务或结果的验收标准进行描述，并将项目引导至有序的结尾。

目的

- 收尾过程的目的在于为项目提供一些正式收尾需要进行的活动。

输入

- 更新过的项目计划
- 状态报告

- 问题清单

工具及模板

- 结项清单
- 项目调查问卷
- 经验教训报告模板
- 项目结项报告模板

输出

- 结项清单
- 经验教训报告

过程

- 关闭项目文件
- 进行项目评估
- 收集经验教训
- 撰写项目结项报告
- 归档项目信息

第三部分

附加知识领域

第 11 章

同时管理多个小型项目

项目经理通常需要同时管理多个项目。多项目管理能让项目经理更为高效地计划及控制项目活动，且项目间计划的影响会更为明显。汇总报告能帮助项目经理审视整个项目组合的进度。项目经理使用多项目流程能够重复练习小型项目管理，持续学习并进行流程改进。

当然，还有一种情况是项目经理同时管理的多个项目处于项目生命周期的不同阶段。在这种情况下，如果不使用正确的工具和方法可能会带来很多问题。

11.1 多项目管理概述

多项目在不同项目环境下的意义不同，因此，有必要对与多项目环境相关的定义进行回顾。

《PMBOK® 指南》（第 6 版）提供了如下定义。

- **项目：**为创造独特的产品、服务或成果而进行的临时性工作。
- **项目集：**相互关联且被协调管理的项目、子项目集和项目集活动，以便获得分别管理所无法获得的利益。项目集可能包含一些互不关联的项目范围之外的工作。项目可能属于或不属于项目集，但项目集必定包含项目。

- **项目组合**：为实现战略目标而组合在一起管理的项目、项目集、子项目组合和运营工作。
- **项目管理**：将知识、技能、工具及技术应用于项目活动，以满足项目的要求。
- **项目集管理**：在项目集中应用知识、技能与原则来实现项目集的目标，获得分别管理项目集组成部分所无法实现的利益和控制。
- **项目组合管理**：为了实现战略目标而对一个或多个项目组合进行的集中管理。

除此之外，《PMBOK® 指南》还提供了项目、项目集与项目组合的对比概述（见表11-1）。

尽管项目集管理包括管理一系列相互间没有关系的小型项目，项目集管理并不在本书的讨论范围内。因为在项目集中的小型项目通常与其他项目一样使用相同的方法进行管理。本章关注的是如何有效管理小型项目组合。

表11-1　项目、项目集与项目组合的对比

	项目	项目集	项目组合
定义	项目是为创造独特的产品、服务或成果而进行的临时性工作	项目集是一组相互关联且被协调管理的项目、子项目集和项目集活动，以便获得分别管理所无法获得的效益	项目组合是为实现战略目标而组合在一起管理的项目、项目集、子项目组合和运营工作的集合

（续表）

	项目	项目集	项目组合
范围	项目具有明确的目标。范围在整个项目生命周期中是渐进明细的	项目集的范围包括其项目集组件的范围。项目集通过确保各项目集组件的输出和成果协调互补，为组织带来效益	项目组合的范围随组织战略目标的变化而变化
变更	项目经理对变更和实施过程做出预期，实现对变更的管理和控制	项目集的管理方法是，随着项目集各组件成果和 / 或输出的交付，在必要时接受和适应变更，优化效益实现	项目组合经理持续监督更广泛内外部环境的变更
规划	在整个项目生命周期中，项目经理渐进明细高层级信息，将其转化为详细的计划	项目集的管理利用高层级计划，跟踪项目集组件的依赖关系和进展。项目集计划也用于在组件层级指导规划	项目组合经理建立并维护与总体项目组合有关的必要过程和沟通
管理	项目经理为实现项目目标而管理项目团队	项目集由项目经理管理，其通过协调项目集组件的活动，确保项目集效益按预期实现	项目组合经理可管理或协调项目组合管理人员或对总体项目组合负有报告职责的项目集和项目人员
监控	项目经理监控项目开展中生产产品、提供服务或成果的工作	项目集经理监督项目集组件的进展，确保整体目标、进度计划、预算和项目集效益的实现	项目组合经理监督战略变更以及总体资源分配、绩效成果和项目组合风险
成功	成功通过产品和项目的质量、时间表、预算的依从性以及客户满意度水平进行衡量	项目集的成功通过项目集向组织交付预期效益的能力以及项目集交付所述效益的效率和效果进行衡量	成功通过项目组合的总体投资效果和实现的效益进行衡量

11.2 小型项目组合

以下是两个主要的项目组合类型。

- 相关联的项目组合，包括相似类型、组织或主题的项目，如小型维护及改进项目、商业流程改造项目，或是为正式项目的需求、评估及批准所做的预备项目。这些项目通常分享资源，并由项目组合经理进行管理。这类项目的成功或失败都会对项目组合中的其他项目造成影响。
- 无关联的项目组合，包括指派给一个项目经理的多个项目。这些项目可能包括一些相互有关联的项目以及一些临时的项目或任务。项目经理可将这些项目加入项目组合中，它们可为项目经理提供更有效地计划、监控项目活动的工具。

项目组合管理关注项目选择、优先级排序以及项目经理的分配，重点是对工作流的控制。项目组合经理必须有战略性的视角，同时将项目的选择和绩效与组织目标统一起来。项目组合的类型，无论是否相互关联，都不重要。这里重点要说的是项目经理要有效地计划及控制包含多项目的项目组合。

通过对比概述中描述的项目组合的定义可知，小型项目组合的范围是以战略业务部门为基础的。例如，一个负责集成软件应用的组织，其每一个软件应用都应有自己的项目组合，或者一个组织需要为特定部门或区域实施项目。再次重申，每一个这种类型的项目都应该被认为是相关联的项目组合。最后，无关联项目组合中某一类型的项目会被委派给项目经理。而无论是何种项目组合，项目经理都必须持续地监督环境中的变化以控制项目组合中的项目。

项目经理必须为单个项目做好计划，这样才能为项目组合提供沟通渠道。对于小型项目而言，项目经理必须能协调项目资源，这些资源往往是兼职或是与其他项目共用的。项目成功的测量标准是以项目组合以及项目组合中单个项目为准的。无关联的项目组合可能对其中某些特定的项目有不同的成功标准。监控是基于项目组合的绩效来进行的。

11.3 管理多个项目的问题

作为一个小型项目的项目经理，你会意识到使用方法和工具来管理单个项目的重要性。或许你已经成功管理了小型项目，并获得同时管理多个项目的机会。最开始，原先用于管理单个项目的经验可能还适用于一些项目。然而一段时间过后，你可能会开始担心以下问题：

- 普通资源被分配了多个项目；
- 项目团队中的很多成员都是兼职在做这个项目；
- 团队成员在不断变更优先级——他们不仅同时为多个项目工作，还需要为运营活动负责。

你知道自己需要更加高效地管理时间及资源，因为时间是关键，同时你还需要更加高效地汇报项目进度、管理问题及风险。你意识到有些资源需要在多个项目间共享。因此，你需要更好地监控项目间的依赖关系，确保核心资源在需要时是可用的。

此时，你需要更多更为高效的用于项目控制及项目沟通的工具。

现在是时候使用 SPM 多项目管理流程了。

11.4 SPM 多项目管理流程

多项目通常会带来更多挑战。为了能在多项目的环境中成功，你需要在一开始就有管理单个项目的流程并持续使用这个流程。我们之前讨论过，一个专门为小型项目设计的流程应该兼具可扩展性及适应性：可扩展性意味着流程的复杂度，使用流程的时间以及对流程的关注都需要符合项目的需求；适应性是指了解一个独立项目需要多少流程。对项目经理而言，很重要的一点是知道使用什么工具及技术。而在多项目环境中，流程及工具的使用就显得更为重要了。

如何在多项目环境中取得成功？ SPM 多项目管理流程有三个主要步骤：

（1）为每个独立项目单独制订项目计划；

（2）将独立的项目计划汇总到多项目计划中；

（3）执行并监控多项目计划。

第一步：为每个独立项目单独制订项目计划

如上文所述，想要在多项目环境中取得成功，你必须在项目一开始就有一个管理单个项目的流程并持续使用这个流程。这也是为什么 SPM 多项目管理流程的第一步就是为单独的项目制订项目计划。

每个项目都需要有一个项目章程，或者是轻量级的项目章程。制作一个工作分解结构（WBS）是组织及规划项目的第一步。WBS 同样适用于多项目管理，特别是包含相互关联的小型项目的组合，因为 WBS 为规划及监控工作提供了通用框架。项目经理能够在交付层级上总结项目活动，从而使沟通更为有效。连续使用 WBS 能帮助项目经理在整个项目过程中归纳信息。

项目计划及计划中的可交付成果应基于项目需求来准备，必须使用多项目间都采用的流程及工具来准备计划中的可交付成果，这样更易于与多项目流程的整合。当项目经理在为单独的项目制订计划时，一定要重点关注项目的开始及结束时间，因为这些时间对于多项目计划的制订至关重要。在制订单独的项目计划时，项目经理也要考虑此项目与项目组合中其他项目之间存在的关联。在完成项目计划或计划中的可交付成果后，需要制订补充计划来保证多项目流程的有效性。

第二步：将独立的项目计划汇总到多项目计划中

单独的项目计划制订好后，需将其合并在一起，以确保项目经理能够看到所有项目的结果。

多项目概述

多项目概述是一份以电子表格形式呈现的高层级的项目信息，信息来源于项目计划及项目章程。多项目概述是一个很好的沟通工具，它的价值来源于项目经理知道自己的项目组合中有什么。电子表格可根据汇报需要进行分类及筛选。为了更多地汇报监控过程和结果，可以在表格中加入额外的分类。多项目概述中可包括以下信息。

- **项目 ID**：包括项目编号。
- **项目名称**：包括各类项目名称。
- **优先级**：使用组织已有的代号或者为你自己的项目组合创建一个体系。知道在哪里发力是很重要的。项目优先级可能会随着项目所处的阶段或其他项目优先级的改变而改变。
- **类别**：完成项目所需的工作类型，如信息系统、流程改进、调研或者培训。根据工作环境的不同，类别可以包括行业、位置、方法等。
- **类型**：识别项目是否是小型或简单项目。
- **目标**：明确项目需要达成什么目的。项目目标定义了商业需求或机遇。
- **预算**：识别经批准的资金。
- **预计完成时间**：识别预计完成时间。如果分配给你的项目尚未开始，你可在表格上增加一列预期开始时间。

- **高层级的可交付成果**：罗列项目的主要可交付成果。
- **项目依赖**：罗列出你的项目所依赖的其他项目，或依赖你的项目的其他项目。
- **状态**：表明项目是否处于激活、完成或暂停状态。

以下信息同样可加入多项目概述中。但此类信息是可选项，因为信息长度通常很长。如果你打算撰写一份多项目的详细报告，那么可以将这些信息加入其中。

- **范围**：帮助识别项目边界，如哪些做、哪些不做。
- **假设**：对规划意图产生影响的因素，常被认为是正确的、真实的或确定的。
- **约束**：对项目绩效产生影响的限制因素，或是会影响计划活动的因素。

多项目风险

小型项目被认为是低风险的，但当使用多项目管理流程将多个项目整合在一起后，项目经理可能会发现一些额外的项目风险。其中经常出现的风险因素如下：

- 项目经理尝试管理许多项目；
- 太多正在进行中的项目需要共享资源；
- 项目间的依赖关系来自高风险项目；
- 过多的项目依赖；
- 关键资源需要进行项目间共享；
- 项目组合中存在未做好规划的项目；
- 项目组合中的某项目缺乏监控。

在对单个项目完成风险评估后，项目经理应该对项目组合进行风险登记。对项目组合进行风险登记加强了项目监控过程的风险管理。有些风险对于某个项目来说是低风险，但若从整个项目组合内的项目来看，这个风险的优先级可能会变高。多项目风险登记册应包含如下信息。

- **编号**：包括风险编号，是由项目编号加上一串数字组成。例如，如果你的项目编号是 S150，而且这个风险是你项目识别中的第三个风险，就可以把它写成 S150-3。风险编号能帮助你将风险映射到项目中。
- **项目名称**：包括单个项目的名称。
- **状态**：风险处于打开或关闭状态。
- **类别**：识别风险类别。风险类别是一组潜在的风险诱因。风险类别一般包括项目管理、技术、组织、计划、成本、范围及质量。
- **风险事件**：识别可能对项目造成或好或坏影响的事件或无关联的事项。
- **概率**：概率分为低、中或高，它代表风险发生的可能性。
- **影响**：影响分为低、中或高，它是指风险发生后产生的结果。
- **优先级**：优先级分为低、中或高。项目经理可使用第 7 章提供的工具来确定优先级。
- **风险应对**：表明你计划如何应对风险，比如可以规避、转移、接受或减轻消极风险。
- **责任人**：确定风险管理的负责人。

项目经理到现在为止对项目风险会有一个整体认知，因此可以确定是否需要基于其他项目的风险而对项目优先级进行调整。如果项目优先级需要调整，那么项目经理需要更新某个单独项目的风险登记册。

整合的项目进度计划

整合的项目进度计划是一个高层级的甘特图。项目进度计划的相关信息可以是项目级别的、阶段级别的、主要活动级别的，或上述任意组合。多项目进度计划是一个很好的沟通工具，使用此计划便于管理项目关键活动。

多项目进度计划有两个重要组成部分——项目间的依赖关系及持续时间。项目间的依赖关系或者项目、阶段或活动之间的逻辑关系需使用恰当的联系来识别。任何时候，一个项目的可交付成果（不管处于项目、阶段或者活动的哪个层级），只要它影响了另一个项目的完成，就应体现在多项目进度计划中。如果一个不在你控制范围内的项目，其可交付成果会对你的项目产生影响，或者你的项目的可交付成果会对其他项目产生影响，这种依赖关系应该被识别并表现在多项目进度计划中。

即使不存在项目依赖关系（所有项目都是独立的），多项目进度计划也能帮助项目经理看到可能会影响资源分配的项目活动的时间表。某个资源可能会被同时分配到多个项目中。在早期意识到这种情况能够帮助项目经理协调资源，避免项目处于危险境地。除此之外，项目经理还能注意到在特定时间段内的项目管理活动，并去了解相关活动是否处于危险状态。

第三步：执行及监控多项目计划

项目经理需要使用在规划过程中定义的方法来监督、执行及控制项目。为获得更高效率以及更多控制，项目经理应使用如下多项目管理流程工具。

- **整合的项目进度计划**：需对整合的项目进度计划进行更新，以展示计划及实际的信息。
- **多项目日历**：月视图日历可展示项目里程碑及关键活动。此日历同样可用来记录所有项目信息。它还能提供快速、易读且完整的关键项目活动视图。为了能更清晰地展示，项目经理还可对项目进行色彩编码并使用项目颜色来记录相应的项目信息。

- **多项目状态报告**：多个项目的状态信息需概括到一个文档中。
- **里程碑报告**：展示多项目中重要事件的计划及实际日期的有效工具。里程碑报告对相互关联的项目最为有效，因为这些项目经常会有相同的项目干系人。

聚焦

聚焦会对人的感知及表现产生影响，能帮助人们明辨方向并维持在既定轨道上。人们很容易在多项目切换的过程中迷失方向，因此，聚焦对于达成项目目标是至关重要的。管理多项目的关键就在于有意识地聚焦。

对于保持聚焦，这里提供一个建议。你可以使用小型项目活动看板来跟踪项目活动，可以为每个项目分配一个颜色，使用便利贴来跟踪每个项目活动的进度。详情请参见第 17 章。

相关领导力

多项目的领导活动包括以下内容。

- 主动为互不关联的项目建立一个独立的项目组合。
- 在相互关联的项目中使用一致的 WBS，确保这些一致的数据能用在项目规划上。
- 强调使用多项目管理工具的收益。

成功管理多项目的关键

成功管理多项目的关键包括以下内容。

- 对每个单独的项目使用一致的流程和工具。
- 整合项目，在合适的层级上进行管理，并贯穿所有项目进行分析。
- 确保进行两次风险规划：第一次在规划单独项目时进行，第二次在规划多项目时进行。
- 使用整合报告来沟通项目进度。对项目进行色彩编码能够更清晰地显示相关信息。
- 将小型项目活动看板作为管理项目活动的工具。

第 12 章

组成项目集的项目

项目集管理被认为是通过协调管理一系列相互关联的项目，以便获得分别管理所无法实现的利益和控制。从事项目集工作的项目经理面临着新的挑战。

当项目经理不得不同其他项目经理为同一个项目集工作时，项目环境会变得更为复杂。那些能管理及领导好自己项目的项目经理，更有可能被要求通过领导项目集与其他项目经理合作。这也意味着项目经理不再对某个项目中的所有活动有完全掌控权。

除了要了解如何管理流程及领导团队，项目经理还需掌握与其他项目经理合作及知识分享的技能。

本书前述章节重点关注的是小型项目的实施。从第 11 章开始，重点将从单项目角度转变为需项目经理协调多个关联或无关联项目的多项目角度。

项目集示例

医院管理组织制定了一个战略目标，计划在未来五年内，提升 15 家医院接收病人预约的能力。该组织发起了协调 15 个项目的项目集来帮助 15 家医院完成病人预约应用的集成。

通过对项目集的管理，项目集经理可以获得分别管理各个项目无法实现的收益和控制。项目集是实现组织目标的手段，它常出现在战略计划中，项目集作为一个整体，其产出结果和收益是极为重要的。

如《PMBOK® 指南》（第 6 版）所述，表 12-1 提供了项目和项目集、项目组合的对比概述。

表 12-1　项目、项目集和项目组合的对比

	项目	项目集	项目组合
定义	项目是为创造独特的产品、服务或成果而进行的临时性工作	项目集是一组相互关联且被协调管理的项目、子项目集和项目集活动，以便获得分别管理所无法获得的效益	项目组合是为实现战略目标而组合在一起管理的项目、项目集、子项目组合和运营工作的集合
范围	项目具有明确的目标。范围在整个项目生命周期中是渐进明细的	项目集的范围包括其项目集组件的范围。项目集通过确保各项目集组件的输出和成果协调互补，为组织带来效益	项目组合的范围随组织战略目标的变化而变化
变更	项目经理对变更和实施过程做出预期，实现对变更的管理和控制	项目集的管理方法是，随着项目集各组件成果和 / 或输出的交付，在必要时接受和适应变更，优化效益实现	项目组合经理持续监督更广泛内外部环境的变更
规划	在整个项目生命周期中，项目经理渐进明细高层级信息，将其转化为详细的计划	项目集的管理利用高层级计划，跟踪项目集组件的依赖关系和进展。项目集计划也用于在组件层级指导规划	项目组合经理建立并维护与总体项目组合有关的必要过程和沟通
管理	项目经理为实现项目目标而管理项目团队	项目集由项目经理管理，其通过协调项目集组件的活动，确保项目集效益按预期实现	项目组合经理可管理或协调项目组合管理人员或对总体项目组合负有报告职责的项目集和项目人员

（续表）

	项目	项目集	项目组合
监控	项目经理监控项目开展中生产产品、提供服务或成果的工作	项目集经理监督项目集组件的进展，确保整体目标、进度计划、预算和项目集效益的实现	项目组合经理监督战略变更以及总体资源分配、绩效成果和项目组合风险
成功	成功通过产品和项目的质量、时间表、预算的依从性以及客户满意度水平进行衡量	项目集的成功通过项目集向组织交付预期效益的能力以及项目集交付所述效益的效率和效果进行衡量	成功通过项目组合的总体投资效果和实现的效益进行衡量

12.1 项目活动及合作

项目集管理需要项目经理观察某个单独项目以外的事情。作为项目集的一部分，各项目需与驱动项目集的决策保持一致。流程、工具、模板、时间线以及工作方法均需按照项目集的规定执行。

项目集环境中最大的挑战是协调单个项目的项目活动与项目集活动。项目决策需要与项目集保持一致，这限制了项目本身的决策，促使项目经理们以合作的姿态而非单打独斗的方式工作。另外，项目团队通常是跨职能的，他们代表不同的部门，提供不同的知识、技能及专业建议。项目集中某个项目的解决方案必须与其他项目相关联，项目经理必须与团队成员分享一致的信息。成功的项目需在质量、时间、预算及客户满意度上达到一定的标准。如果对成功的项目集进行定义，应包括一定程度满足项目集预期需求及收益的标准。

项目被认为是组织改进技术、降低成本、提高效率以及保持竞争力的手段。项目集中的某个项目一旦完成即可开始创造收益，无须等待整个项目集完成。项目集中项目经理之间的合作发生在他们有共同目的、相互信任以及在项目管理方式上达成共识的时候。若要成功地驾驭项目，很显然，仅有流程、工具、模板以及度量标准是不够的。

由于项目集的复杂性，项目集中子项目的项目经理只有参与到更多的合作中，才能管理好项目活动。接下来，我们将对项目管理生命周期的各个阶段分别进行讨论，它们是启动阶段、规划阶段、交付阶段及收尾阶段。

- **启动阶段**：需求被放入项目范围中，工作得到授权。
- **规划阶段**：与执行工作的人员对工作进行详细的规划及组织。
- **交付阶段**：工作完成，此阶段还能根据可交付成果的规模被细分为多个阶段。
- **收尾阶段**：有序地关闭项目。

启动阶段

隶属于项目集的子项目在启动阶段，项目经理必须与项目集经理及其他子项目经理共同协调项目的沟通计划并确定辅助沟通的工具。在此阶段，项目沟通计划可以是简要的，主要说明关键沟通的频率及方法。同时，项目经理可设定共享文档的存储空间以及共享的工作空间，并明确其他项目参与者计划使用的合作工具。

规划阶段

合作需要有详尽的计划支持。对项目集的有效规划需结合自上而下及自下而上的方法。自上而下的规划方法源于项目集视角，自下而上的规划方法源于项目视角。要完成自上而下的规划，项目集经理首先要识别出项目集中包含哪些项目，随后识别出每个项目的关键里程碑日期。

在某些情况下，为关键活动协调里程碑日期能够更加有效地实现资源共享，如测试或培训。在确定里程碑日期后，项目经理需使用自下而上的规划方法，按照之前定义过的项目里程碑日期制订出详细计划。

自上而下和自下而上的合作规划方法是渐进且非常耗时的，它需要进行很多的协调工作。项目经理之间必须建立信任，因为想要实现双赢就意味着信息共享及责任共担。

在项目规划阶段，合作工具能够帮助项目经理协调项目信息，并将项目决策、变更及状态信息传递给本团队和项目集中的其他项目团队。

交付阶段

交付阶段是绝大多数项目工作产生的阶段。项目经理必须监控已规划的项目活动。项目集中的项目经理必须共同工作，从而掌握问题解决、决策制定及沟通的技能。沟通应当是频繁且清晰的。当项目经理们能共同管理问题、风险并解决问题时，他们之间就能形成很强的人际关系纽带。某些时候，项目资源不得不共享。而那些有较强行为技能的项目经理会更倾向于在做决策时邀请其他项目经理加入。共同进行决策是做好项目集管理的一个标志。好的项目经理会乐于倾听项目干系人的反馈。更重要的是，好的项目经理会去倾听项目集中其他项目经理的反馈。

项目经理需共同工作来撰写项目状态报告或组织项目干系人会议。他们可能会针对项目集使用一份文档，划分不同部分来陈述各个项目的情况。项目经理需要共同工作来保证报告的风格及详细程度的统一性。在与其他项目干系人分享信息前，先在项目经理间举行一个会前会议是一个不错的选择。

收尾阶段

项目集中的项目通常不会在同一时间结束。尽管如此，当完成一个项目并准备收尾时，应将项目收尾文档存储起来供项目集中的其他项目使用，尤其是当项目收尾文档包含了项目集当前或未来项目可借鉴的经验教训时。项目集团队可使用合作工具来捕捉、分析以及分享这些经验教训。关于经验教训更详细的讨论在本章的后半部分。

12.2 知识分享

知识可分为隐性知识和显性知识。隐性知识存在于人的大脑中，它不易表达，也不易固化，因为其中包括了个人技能。显性知识是可被编码并清晰表述的知识，如使用说明。显性知识和隐性知识共同作用形成了知识资产：“组织及其成员所拥有的知识以信息、观点、学习、理解、记忆、洞察力、意识、技术技能以及能力的形式存在。”

知识资产不断演进，需要被组织管理。虽然隐性知识很难被表述和传播，但对此类知识进行分享是很有必要的。“知识转移是将专业知识、智慧、洞见以及核心人才的隐性知识有条不紊地在组织成员中进行复制。”将隐性知识转化为显性知识的能力可以帮助项目经理更好地分享他们的经验和技能。由于环境是随时间变化的，项目经理需要关注哪些知识是必须掌握的以及如何获取它们。对项目经理的挑战在于，他们需要走出仅仅只关注自己项目的舒适区域，与其他项目经理构建以知识共享为基础的合作关系。

知识管理计划可用来描述在项目集中人与人之间如何被联系起来，以及人与整个项目阶段产生的信息如何联系起来。知识管理计划可由项目集经理或项目经理共同制订，其目的就是为了让项目经理在项目集早期就可以识别知识管理工作的相关角色及职责，这样才能在整个项目周期内使用一致的工具和技术来获取知识。

团队学习

在一个团队中，个体可与他人进行互动并分享知识。项目经理与团队共同合作来确定哪些步骤是重要的及步骤的严谨程度，以确保项目绩效可以达到预期的结果并在恰当的时间将正确的信息传递给正确的受众。项目经理以这种方式与其他项目经理分享从项目团队经验中获得的知识。

项目经理的指导

指导是用来鼓励有经验的项目经理及项目管理新手之间进行合作的方法。整个过程可以是正式的或非正式的。正式的指导过程可以是针对新项目经理的，在项目开始的前 90 天内持续进行；也可以是在整个项目中针对一个有经验的项目经理或新项目经理。一些持续进行指导的项目包括指导人和被指导人之间的正式约定。整个约定明确了指导人与被指导人的职责及学习目标。

非正式的指导过程一般是指指导人与被指导人之间简单地达成共识，被指导人（即缺乏经验的项目经理）跟随指导人（即有经验的项目经理）在特定领域学习相关知识。这种形式的指导也可被用来了解如何针对特定的项目环境应用相应的知识。有经验的项目经理可跟踪被指导人，或亲自参与到项目管理会议中提供反馈意见。

无论指导过程是正式的还是非正式的，指导人及被指导人都需要有一个双方达成共识的学习目标、预期结果以及行动步骤。在指导与被指导关系中，被指导的项目经理通过观摩他人正在做的工作来学习，并确保双方的沟通是有意义的、信任是得以维持的，从而使双方珍视及尊重彼此的关系。

经验教训

必须对项目的经验教训进行存档，以便下个项目可以使用。项目经理可以从总结经验教训的环节获得相关知识，并用这些知识来发展及改进技能，以便将它们应用到当前或下个项目中。我们不仅从自己的项目经验中学习，也可以从其他项目的经验中学习。在项目团队中分享经验教训能够防止组织犯同样的错误，同时能让组织更好地利用最佳实践。

学习是改进的核心。如果时间允许，频繁地进行经验教训总结是一个不错的选择。学习是需要反复思考的。经验教训需要存档并以易于检索的方式进行存储。项目经理需要做好利用项目提供的至关重要的学习机会的准备，并做好咨询其他项目经理的准备。组织需要评估项目经理是否正在从其他项目中学习。组织要保证有现成的经验教训分享体系。项目经理应致力于捕捉及使用经验教训，而组织应致力于为项目经理提供便于检索和使用经验教训的信息存储渠道。

调查表明，经验教训的分享应该在新项目开始时进行，同时在项目集的各项目间进行。经验教训可同时在学习活动中进行分享，例如，在一次定制的培训课程中或在午餐学习环节中进行分享。一个项目办公室的负责人将实际学到的经验教训整合到项目管理培训课程中，并要求组织中新加入的项目经理都进行学习。

笔者在项目管理会议中走访了 80 位项目经理，并获得了如下获取及分享经验教训的建议。

- 与项目团队在项目结束时分享。
- 与其他项目经理在午餐学习环节中分享。
- 将经验教训整合到风险管理的讨论中。
- 将经验教训进行分类，并确保它们在共享驱动中可用。
- 考虑如何有效地使用经验教训，并在收集信息之前解释此流程。
- 强制进行分享，举行目标明确的经验教训分享会。
- 确保分享的内容是不带指责性质的。
- 审核所有经验教训，确保它们是有价值的。
- 收集经验教训的关键度量指标，以支撑其价值。
- 同时考虑做得好和不好的事项，将经验教训转化为行动项清单，并将传播经验教训的任务分配给相关项目经理。
- 创建一个符合规范的经验教训总结流程，并要求项目经理遵守此流程。
- 将定义好的项目管理流程及模板准备好，随后将经验教训与变更管理相结合来使用，以保证项目管理流程及模板的时效性。

第13章

组建高效团队

团队是一群有着共同目标且努力完成某项工作的人。项目团队负责完成项目目标。如《PMBOK® 指南》（第 6 版）所述，团队建设是帮助一群有共同目标的人实现彼此间的合作。好的领导力及团队建设的结果是团队合作。团队合作是项目成功的关键。团队建设是一个持续不断的过程，会在整个项目生命周期内存在。项目经理有责任为团队创建可达成项目目标的环境。

13.1 小型项目团队

小型项目的团队规模通常少于 10 人，其团队成员一般只会在项目活动中投入部分时间工作，且经常需要同时兼顾多个项目。项目经理必须为项目提供方向。虽然组建小型项目团队没有大型项目那么多正式的手续，但是一般的团队概念仍然适用。高效的项目团队，无论其规模大小，都有明确的职责分工。

- **项目经理**：项目经理的首要职责是管理项目活动，基础的管理包括计划、组织、领导和控制整个项目周期中的各项活动。项目经理不需要是技术领域的专家，但需要了解相关技术。技术活动由其他项目成员负责执行。项目经理需要持续使用开放及高效的沟通方式激励项目团队。

- **业务分析师**：作为项目团队和业务领域的主要对接人，业务分析师负责制定项目提案、定义并存档商业需求，以便为项目提供方向。对于小型项目而言，业务分析师还可能需要承担主题专家的部分职责。
- **主题专家**：主题专家具有完成项目的专业工作技能。他们设计、研发、测试并实施项目交付。

13.2 团队章程

高效的项目团队有自己的运行准则，这些准则通常在团队章程中被定义。团队章程描述了项目团队成立的前提条件，以及团队成员需遵守的行为准则，包括使命、团队期望、运营协议和问题升级流程。确切地说，团队章程向他人阐释了团队的目标及他人对团队的期望。

项目团队成员通过共同工作来完成团队章程，其内容包括以下几项。

- **团队名称**：为团队起一个名字，作为团队自己的标识。
- **项目经理**：明确对项目交付负责的人。
- **团队成员**：罗列所有本项目的工作人员以及他们各自所负责的领域。
- **使命**：说明团队将要完成什么工作及团队存在的目的。
- **价值**：制定团队的价值声明，包括对团队成员而言重要的品质，如尊重、信任、团结。
- **行政指南**：描述团队的沟通方式。
- **基本准则**：描述团队成员的合作方式。

- **决策指南**：描述决策将如何被制定，包括在问题讨论上的时间限制以及升级流程。
- **会议指南**：描述团队应该在何时、何地以何种方式来举行会议，包括会议的频率、时长以及协调工具。

团队章程最好还包含以下两项内容。

- **口号**：创造一句辨识度高且朗朗上口的短语来描述项目。
- **标识**：绘制一个代表项目的图案。

口号和标识可用来进行项目沟通或作为团队道具。创造口号及标识是一个很好的团建活动。有些团队可能不需要使用团队章程的所有内容，而只需要规定部分特定内容，尤其是对于简单项目而言。例如，有的团队成员可能会质疑他们的使命，此时团队可以制定出一个更清晰、详尽的使命声明。使命声明可用来提醒团队成员他人对团队的期望。

如果不使用团队章程，项目经理就需要确保团队工作高效，且项目目标在持续达成。如果团队工作变得低效，项目经理就应要求团队参与制定团队章程，至少是章程中的重要部分，以帮助团队回归正轨。

13.3 会议管理

项目经理对会议管理流程负责。例如，项目经理应该在会议开始前分发会议议程，并在会议结束时分发会议纪要。

会议议程

项目经理需要做好会前准备。每个会议都需要一个清晰的预定目标。团队成员应该有机会提供会议议题。会议议程中需要预留时间来检查上次会议讨论的关键事项所对应的行动项的执行情况。对于每个讨论事项，都需要标注出讨论时间及话题主导人。会议的议程以及会议中可能会用到的讨论资料都应在会议前发送给团队成员。这有助于团队成员在参加会议前做好准备。会议议程需要包括会议日期、时间、地点和目的。

会议角色及职责

对会议预期进行清晰的定义非常重要，其中包括明确与会人员的角色和职责。如果项目团队清楚它和项目经理对彼此的预期，团队会更加高效。尽管这些信息可能不会被放在正式的文档中，但以下角色及职责信息应该被传达并被项目成员所理解。

- 协调人：对于小型项目而言，项目经理通常充当协调人的角色。协调活动通常包括设定会议基调、确保会议按照议程进行、让团队成员加入到讨论中、识别需跟进的行动项，以及使用合适的协调工具等。
- 撰写人：在小型项目中，该角色通常由项目经理来担当。撰写人负责记录会议讨论内容并输出会议纪要。为了让团队保持专注，可能需要使用图表来记录信息。
- 计时人：计时人负责确保会议准时开始和结束，以及每项议题都被分配适当的时间。
- 会议参与者：项目团队需要在参会前为将要讨论的项目活动做好准备。

会议纪要

会议纪要是对会议期间所发生的事项的官方记录，应当包括会议时间、地点、参会人、讨论事项、决议及其他需被清晰且准确记录的信息。会议纪要还应包含带有指派执行人及行动截止时间的行动项。撰写人需向团队发送会议纪要，并预留足够的时间让团队成员核对会议纪要，以提出修改及增补反馈意见。会议纪要需要跟随其他项目文档一起定稿并存档。

13.4 有效的项目会议

小型项目会议有三种：临时会议、非正式会议和正式会议。临时会议通常是临时召开的，是为了给之前没太多关注的问题提供一个快速的讨论环境。它们很适合用来讨论特定问题、解决小问题或者发表一些声明。非正式会议是有计划的、有特定团队成员参与来解决特定问题的会议。在临时会议及非正式会议中做的决策需要在正式的项目会议上与全体团队成员分享。

正式会议是定期举行以及有既定目的、规则和预期的会议。要想高效地召开正式会议，就需要做好规划及组织。项目经理需要找团队成员方便的时间召开会议。如果在会前就已经确定不再需要开会，那就应该取消会议。项目团队至少每周开一次正式会议，且需要准时开始和结束。需要记住的是，参会人通常不介意会议提前结束，但会议超时的话会很让人反感。正式会议需要有会议议程、参会人的角色及职责，以及会议纪要。在组织会议时，项目经理应该根据具体情况灵活地调整会议结构来满足团队成员的需要。

13.5 塔克曼模型

教育心理学家布鲁斯·塔克曼（Bruce W. Tuckman）提出的塔克曼模型，阐述了小团体会经历的五个典型阶段。其中前四个阶段是在 1965 年提出的，包括组建期、激荡期、规范期及执行期。后来，塔克曼和玛丽·安·詹森（Mary Ann Jensen）在 1977 年增加了第五个阶段——休整期。

这些阶段同样适用于小型团队。团队需要完成一个阶段后方可进入下一个阶段。如果团队发生变化，通常需要退回到上一个阶段。

阶段一：组建期

在此阶段，团队尝试确定其目标并探寻团队行为的边界。此时，个人角色及职责并不清晰，团队成员都在忙着识别任务以及想着如何完成项目工作。团队成员通常会有如下问题：我们要做什么？谁负责完成整个任务？项目何时结束？作为独立个体，团队成员通常希望被他人接受，因而会回避一些争议和冲突。在这一阶段，团队成员对待他人都比较友好，会回避严重的问题及情绪。

在这一阶段，团队需要框架并依赖项目经理提供指导和方向。项目经理需要清晰地表述角色和职责，并在团队中创建信任和尊重的氛围。项目经理需要为项目设定目标，并让项目团队共同参与规划环节。团队成员需要接纳他们彼此的不同，并认识到作为一个团队一起合作的好处。因此，项目经理必须与项目团队分享相关信息，保持项目沟通的及时性，鼓励所有团队成员参与项目活动。这一阶段同样是制定决策和流程的时期。团队成员需要了解决策将如何制定，知道不同情况下制定决策的方法是不同的，这样他们才能针对具体问题做出恰当的反应。

团队建设活动能够帮助团队成员在这一阶段从独立活动转向团队活动。项目经理可考虑的一个快速且简单的团队建设活动是共同制定团队章程或者让团队成员在准则或基本规则上达成一致。

团队认同

如何形成团队认同？其中一个方法就是共同为团队命名。一些团队基于团队目标选择名称。其他团队，尤其是小型团队，会根据团队成员姓名来为团队命名。在选择了名称之后，团队可制作口号及标识为团队身份提供更多的特性，这样团队成员就能用一些小饰品来装饰自己的团队身份（名称、标识和口号）了。

共识决策

共识决策是当没有必要达成完全一致时所采用的一种决策方法。共识意味着每个人都了解情况或问题，并且希望共同工作进行决策。构建共识是需要花时间的，但这也让团队成员感受到自己是被其他人所理解和倾听的。为了达成共识，每个团队成员都应该能够接受决策，并致力于执行决策。

并不是每一项决策都需要达成共识。但是有些决策非常重要以至于让它们达成共识是唯一可行的选项。

阶段二：激荡期

激荡期充斥着冲突。在这一阶段，团队成员被要求解决一些重要问题，他们经常会在表述自己观点的时候挑战彼此，那些能够被快速处理或掩饰过去的小冲突有所增加。在此阶段，团队还不能协同一致，团队成员的反应较为情绪化，一些派系开始形成。一些成员认为这些冲突有助于真正解决问题，而有的成员则更喜欢舒适且安全的组建期。

团队正在寻找一种结构化的规则来避免持续的冲突。项目经理应该承认冲突，并根据特定环境使用适当的流程和技术，采取措施促进决策的制定并限制问题升级。不良习惯不应该被容忍。项目经理应当坚定自信，积极倾听并鼓励团队成员相互倾听和接纳。

解决冲突的方法

《PMBOK® 指南》（第 6 版）提供了六种冲突处理方法。

- 撤退 / 回避：从实际或潜在冲突中退出。
- 缓解 / 包容：强调一致而非差异。
- 妥协：寻找能让各方都在一定程度上满意的方案。

- 强迫：以牺牲一方为代价，推行另一方的观点，即只提供赢—输方案。
- 合作：综合考虑不同的观点和意见，引导双方达成共识并给予承诺。
- 冲突 / 问题解决：将冲突视作可通过替代方案解决的问题。采用此种方法需要互谅互让的态度和开放式的对话。

阶段三：规范期

在规范期，冲突数量有所减少；运行规则已经确定，角色和职责的定义更加清晰，团队变得更加稳定，能更好地回应项目经理的引导；团队成员之间开始互相了解并欣赏彼此的技能及经验，因此变得更加支持彼此的工作，团队凝聚力已形成。重大决策由项目团队共同来做，而一些小的决策则被委派给子团队或个人来做。团队成员尊重项目经理，共同承担一些领导职责。

项目经理需要鼓励团队成员相互合作，保持支持及开放的心态，为团队提供正向的反馈以不断鼓励团队。对一些项目团队而言，跨越规范期是很困难的，因为团队成员付出了很多努力才到达这个阶段，会很抵触任何改变的压力，尤其是来自外在的压力——由于恐惧，团队可能会分裂或退回到激荡期。

阶段四：执行期

不是所有的团队都能抵达执行期，这一阶段是由依赖度及灵活度来定义的。在该阶段，团队能很好地合作，团队成员间有足够的信任，可完成独立活动，角色和职责可无缝地进行转变；团队识别度、忠诚度及团队士气都很高，团队能够聚焦在项目目标的实现上。

在此阶段，项目经理监控流程并帮助团队理解如何管理变更；项目经理对团队完成的工作给予肯定和奖励，同时关注参与模式的变化，因为团队已经接近休整期了。

阶段五：休整期

休整期与项目完结相关，应重点关注团队成员的福利。这一阶段也被称为解散期或哀痛期。在休整期内，团队成员完成了项目任务，解散团队的计划也已制定。团队成员对完成的工作很有成就感，并且很高兴加入了一个成功的团队。团队成员同样也为即将到来的项目解散感到难过，因为他们需要独自准备继续前行。

由于项目活动接近尾声，项目经理应该对项目成员可能存在的问题保持警惕，并协助他们做好离开项目的准备。对于还在项目中的人员，则应鼓励其继续完成工作。项目经理还应当认可团队的成果并庆祝项目结项。

高效会议的提示

会议耗时且有成本，但它是项目团队沟通的重要工具。成功的项目经理必须拥有会议管理的技能。这里是一些召开高效会议的提示。

- 谨慎选择会议时间及会议地点。
- 提前发放会议议程，包括每个议题讨论的时间，时间的长短要体现出议题的优先级。在会议最开始的时候就讨论优先级高的议题。
- 提前发送会议可能会使用到的文档，并说明使用这些资料的目的及在会议中将如何使用这些资料。同时，让团队了解是否需要在会议中做出决策。
- 确保围绕主题使用计时器。
- 吸引所有参会人。

- 控制讨论方向，确保不偏离会议主题。
- 跟踪行动项。
- 记录可后续讨论的事项。
- 提供决策辅助工具。
- 在会议结束阶段，检查下一步事项。
- 准备并分发会议纪要。

辅助工具

在会议进行过程中，问题解决及决策制定的机会可能会在无准备的情况下出现。项目经理必须做出快速反应并保证会议的持续进行。以下是一些常用的辅助工具。

- **头脑风暴**：即兴产生的观点。它能够为团队提供一系列用于决策的观点。以下是头脑风暴的一些提示：
  - 让想法能够自由表达——不要急于对观点进行评价；
  - 在其他人提出的想法的基础上进行思考；
  - 告知团队没有不好的观点，鼓励大家都参与其中；
  - 有创意，并用新的方法考虑问题；
  - 勿进行争论；
  - 允许每个人都参与，并保证讨论的持续进行；
  - 一旦产生想法就记录下来（如果使用白板，可使用多种颜色的马克笔）。
- **多重投票**：帮助团队从一组想法中识别出优先事项。多重投票的步骤如下。
  - 罗列备选项，可包括来自头脑风暴环节的输出成果。

- 提醒团队投票的目的——你们想要达成什么目的？每个团队成员投票的数量是有限的，应根据所有备选项的数量来确定每位团队成员的投票数量。若备选项大于 10 个，则用总数除以 5 向上取整，这个数代表了每个团队成员可投的最多票数；若备选项少于 10 个，则取约小于总数一半的数作为最多投票数量：
  - 团队成员选出最优项进行投票；
  - 团队成员完成投票后，进行计票并根据投票数量进行排序；
  - 为了增加投票过程的趣味性，可为团队成员分发彩色贴纸。团队成员在活动挂图上各备选项下粘贴贴纸来代表自己的选择。

- **决策矩阵**：用于评估一系列观点以做出决策的信息矩阵，也是对备选项进行评分的系统。使用决策矩阵的步骤如下。
  - 识别评估潜在解决方案的标准。
  - 识别选项。
    - 根据标准对选项进行打分，切记不要根据选项间的对比关系进行打分。
    - 计算总分并据此做出决策。

- **差距分析**：识别达成既定目标所存在的障碍的方法。差距分析能够让你看清当前的状态，以及可达成的预期或未来的状态。使用差距分析的步骤如下：
  - 识别未来的状态；
  - 识别当前的状态；
  - 识别差距或缺失项；
  - 就差距达成共识；
  - 生成建议及行动计划。

- **亲和分析**：收集团队成员各自的观点，并对其进行整合和排序。具体方法如下：
    - 提出问题；
    - 允许团队成员将自己的反馈写在备忘卡或便签纸上；
    - 团队代表将相似的反馈归类在相近的概念中；
    - 团队代表使用一个词或短语来标识相互关联的组；
    - 团队使用多重投票或其他优先级排序的方法来梳理清单顺序。

作为教练的项目经理

项目经理一项重要的职责就是辅导项目团队，使其发挥最大潜力完成项目工作。作为教练，项目经理应该做到以下几点。

- 帮助项目团队与项目目标对齐。
- 为团队做表率。如果项目经理希望团队成员都能按时参会，那么项目经理就需要保证准时。
- 表扬并认可团队成员完成的工作。
- 仅在私下谈话中提出有建设性的批评。
- 为团队成员间的知识交流提供机会。
- 允许团队提出自己的解决方案，并持续跟踪，以确保团队的想法得以实现。
- 在必要时，花费额外的时间参与到团队中。
- 保持积极、灵活，并在团队成员有需要时提供帮助。
- 如果团队成员在工作中感到自信，他们就会为达成项目目标而承担更多的责任。

相关领导力

对项目经理而言，团队领导活动包括：

- 在组建期引导团队；
- 在激荡期支持团队；
- 在规范期辅导团队；
- 在执行期向团队成员委派项目活动；
- 在休整期引导团队。

团队成功的关键

团队成功的关键包括以下内容：

- 确保会议纪要清晰、简洁、重点突出；
- 为决策制定及问题升级制定流程；
- 在团队组建期提供团建活动，帮助团队从单打独斗转向团队合作；
- 在规范期，通过互动式提问、协同制定目标、提供建设性反馈和积极辅导来引导团队；
- 在激荡期，使用恰当的流程和技术来管理冲突；
- 在执行期，允许团队成员间的相互依存和机动灵活；
- 在休整期表现出关怀与感激。

第 14 章

一个人的项目

正如第 13 章所述，团队是一群拥有共同目标的人，他们努力完成一项共同的工作。团队的另一种定义是合作工作的两个或更多的人。在团队中工作的好处包括对项目活动的共同所有权和责任、快速响应变化、协同作用，以及个人成长。建立团队的目的是为了共同完成项目目标。那么，当项目经理不得不单独工作时会发生什么？当你不得不依靠一个人的力量时会发生什么？

14.1 什么是一个人的项目

在一个人的情况下，无法获得在团队中工作所带来的支持、协同和分享等好处。然而，个人成长仍然是可能的。一个人的项目意味着一个人对项目的结果全权负责，有权选择如何管理项目。

一个人的项目意味着你有能力：

- 使用项目管理来明确定义项目，制定可行的进度表，并管理变更；
- 选择管理项目的过程、系统、详细等级和规范数量；

- 以有条理的、高效的方式运作；
- 先行定义质量，并从尽可能多的角度严格、客观地校正自己的工作；
- 保持简单。

一个人所面临的挑战

一个人所面临的独特挑战是，当没有人注意时，项目经理依然可持续使用项目管理过程和工具。在一个小团队中，至少有一个人知道你的项目管理实践。独自工作需要额外的规范，因为你很容易告诉自己，你知道发生了什么，你已经控制了一切。然而，如果你不做计划，就是在猜测你有多少工作、多少时间来完成工作。如果你猜错了——这种情况经常发生——就会面临不得不解释为什么错过最后期限或需要更多时间的尴尬。

14.2 角色和职责

如果你想获得项目的成功，就必须完成项目的可交付成果，并执行启动、计划、监控、执行和控制、收尾活动。请记住三重限制（在时间内、在预算内和根据需求），它们在一个人的项目中仍然适用。要想获得成功，你必须戴上多顶帽子——你是项目经理、领导者和主题专家。

项目经理

作为项目经理，你要对项目的整体成功负责，需要自行决定如何以及何时应用项目管理过程、工具和技术。作为一个了解项目管理价值的项目管理人员，你不会因为没有人在看就忽略你的项目管理任务。

作为项目经理，你负责协调项目活动，包括：

- 决定流程并确保其得到遵守；
- 定义和记录项目并获得同意；
- 监测项目进展；
- 与发起人和客户进行沟通；
- 管理变化。

管理过程是很重要的，它包括项目管理过程和完成项目所需的任何其他开发或业务过程。请参考本书第二部分“小型项目管理过程”，了解小型项目的简单管理过程。

领导

当你以一个人的力量运作时，许多与团队有关的常见问题会消失。例如，个性冲突、非团队成员、欺凌者等都不再是问题，团队建设过程也不再是必要的。然而，领导力仍然是必需的。领导力在第 3 章中有详细描述。

作为一个领导者，重要的是做到以下几点。

- **有远见：**创造和培养一个愿景。
- **有诚信：**言行一致。
- **成为变革的推动者：**愿意自我改变，然后为其他人创造一个改变的氛围。
- **成为问题解决者 / 决策者：**能够在问题的早期阶段认识到问题，并做出适当的分析和反应。
- **态度积极：**选择以乐观的态度应对日常情况 / 挑战。
- **业务导向：**了解文化和项目在实现组织目标中的位置。
- **容忍模糊性：**理解不确定性的存在，并努力提供清晰的信息。
- **有效沟通：**清晰地表达信息，并积极听取他人的意见。

主题专家

在一个人的项目中，你也要扮演主题专家的角色，这要求你承担诸如分析员、专家、设计师或开发人员的职责。作为主题专家，你要负责进行绩效分析、收集商业需求、制定规范、创建可交付成果，以及测试和实施可交付成果。换句话说，你要执行完成项目所需的所有任务。

14.3 实现一个人的项目

如果你有机会一个人来运作项目，那么你可以把它作为一种学习经验。你可以对本书第二部分讨论的项目管理过程和工具进行调整，以适应你的小型或简单项目。越多使用这些工具，你的项目管理实践就会越熟练，就会越早为管理大型项目做好准备。作为一个领导者，你要始终对项目管理表示尊重。你永远不知道谁在看，或者他们会看到什么。你要让人们知道你相信这个过程和工具，你使用它们是因为这是正确的事情。你希望自己能够以完成工作而闻名。主题专家的角色使你能够保持你的技术和组织技能不过时。

记住，所有的小型项目都是大型项目的训练场，要利用一切机会来提升你的技能。

作为项目的任务

任务是真正的小型或简单项目。把任务当作项目来对待，可以更好地计划和更多地控制资源。

PALM 原则和一个人的力量

使用第五章中讨论的 PALM 原则，可以很容易地将项目管理应用于一个人的项目。例如，一位项目经理被指派在三周内开发一个演示文稿。该项目经理使用一个活动清单来计划项目。在这三周内，项目经理不断地分析情况，保持活动清单的更新，并每周向项目发起人发送最新信息。项目经理对项目活动进行监控，并按计划完成了演示。

14.4 时间管理

项目管理是一个令人兴奋的工作，但它也对项目经理提出了许多要求，如管理干系人的期望、跟上技术的发展、管理多个项目，以及担任多个职务，这使得项目经理几乎没有空余时间。因此，有效的时间管理技能是任何希望取得项目成功的项目经理的宝贵财富。当你用一个人的力量运作时，有效管理时间的能力将变得更加关键。

时间管理需要纪律。它要求你写下你想要完成的事情，创建清单，并设定优先事项。

一个有助于时间管理的建议是使用小型项目看板来跟踪活动。这个解决方案将使你能够以一种简便的方式计划活动和跟踪进度。你可以为每个项目或类别指定一种颜色，并使用便利贴来跟踪项目活动进展。关于如何设置和使用小型项目活动看板的更多细节，请参见第 17 章。

以下是一些常见的时间管理技巧。

- 使用一个文件管理系统，这将使你能够方便地访问你的文件。
- 创建每月、每周和每天的优先事项清单（待办事项清单），写下你要做的事情，并思考如何完成它们。
- 整理你的工作空间。你的工作空间应该基于你对生产力的需求而设计。把东西整理好，把你经常使用的东西放在近处，这样你就能在需要时找到你需要的东西。乱糟糟的办公桌会使你思绪混乱。

- 提前计划好每一天的工作。每天留出不受干扰的时间，可以是清晨，也可以是晚上，用来计划下一个工作日的工作。规划你的日常活动可以让你确定当天的优先事项。
- 追踪到期日期。这可以防止你在最后一刻才匆忙完成活动。
- 先做最困难的任务。这将迫使你克服拖延症，并帮助你集中精力，因为你不会一直担心困难的任务。
- 发展适合你的系统。不要仅凭技术是否先进就决定用哪种系统。无论是时间管理、文件管理还是生活管理，都要使用能让你感觉舒适并让你持续成功的工具。
- 依据你的性格来工作。根据自己的情况，安排关键活动的进度，以适应你的生产力模式。
- 为意外情况留出一点时间。在你的日程安排中留出一些空闲时间，因为如果你的时间表安排得太紧，一个中断就会使你一整天的工作偏离轨道。
- 避免无价值的活动。对无价值的活动说“不”，对富有成效的活动说“是”，尽量将干扰降到最低。
- 选择积极的态度。积极的态度会增加你的能量和效率，因此要积极寻找那些能够激励你、鼓舞你并使你恢复活力、精力充沛的事情。

时间抢夺者

时间抢夺者是指那些你没有计划到的事件，它们阻碍你完成真正需要完成的事情。一些常见的时间抢夺者包括：

- 中断；
- 杂乱无章；
- 沟通不畅；

- 等待；
- 计划不周。

一个人做项目成功的关键

一个人做项目成功的关键包括以下几点：

- 进行项目管理，因为它是正确的事情；
- 把所有的小型项目作为大型项目的训练场；
- 有效地管理时间，并找到保持动力的方法。

第 15 章

承担大型项目

恭喜你成功地管理了小型项目。在使用适合小型和简单项目的项目管理过程和工具的过程中，你获得的知识和技能使你能够胜任小型项目管理工作。本章介绍在开始管理大型项目时你将要面临的一些挑战和问题。

15.1 项目管理技巧

你从小型项目的管理中获得的项目管理技能是你可以继续发展额外技能的基础。以下是你在领导大型项目时会遇到的一些额外的项目管理难题。

- **项目管理过程**——管理项目的过程将增加，其中包括来自十大知识领域的更多活动：项目整合管理、项目范围管理、项目进度管理、项目成本管理、项目质量管理、项目资源管理、项目沟通管理、项目风险管理、项目采购管理和项目干系人管理。
    - 启动——项目章程将更加详细，需要更多项目干系人的投入。你可能还需要制定一个初步的项目范围说明书，提供项目高层级的定义。项目和产品需求需要被记录下来。

- 规划——需要更多的规划。你将花时间进行规划，因为你要为召开规划会议做准备，为制订更详细和正式的项目计划获取信息；你将把预算、资源规划和承包活动纳入你的项目计划；你将使用更多的技术进行风险分析；你将需要经常使用渐进式的阐述。
- 执行——你将更加强调质量管理，以确保项目采用所有需要的过程来满足要求。
- 监控——这些活动将大大增加。你将需要保持详细的项目进度表，以管理成本和风险；你将产生更多类型的性能报告，如状态、差异、指标、趋势和挣值等，并管理更多层级干系人的需求；文件控制将变得非常重要，因为你要与更多的团队成员分享更多关键的项目文件。
- 收尾——大型项目更有可能被审计，项目收尾更加正式，因此关键的项目文件需要被保留。在项目结束时，你也会被要求关闭合同和释放资源。

- **项目管理软件**——你将需要使用一个项目管理软件来进行详细的项目规划和控制。
- **过程整合**——项目比较复杂，将需要整合其他过程。
  - 产品开发过程——你将使用一个特定的行业开发生命周期。
  - 业务过程——你将更多地参与和使用受影响的业务领域的过程。
  - 变更管理——你将纳入所需的行为活动，为组织从当前状态向未来状态的转变做准备。

15.2 领导力技能

你的领导活动将增加。

- 你将不得不学会倾听和学习。
- 你将被期望推动着完成项目。你必须负责并确保工作的完成，当问题出现时，你必须确保它们被立即处理并尽快解决。
- 你将领导更大的团队，这将需要更多的会议管理和引导技能。
- 你将被要求及时做出关键的项目决策。
- 你将被要求向项目干系人进行演讲。
- 你的团队将向你寻求答案。你的可信度将是关键，你的团队成员需要知道他们可以信任你，你可以帮他们度过困难时期。

15.3 人、过程和技术

你必须找到一种方法来平衡人、过程和技术，从而真正获得成功。这将是一个持续的挑战，因为项目是独特的，人、过程和技术都在不断变化。记住，要选择那些适合你的项目过程，为技术变化留出余地，了解你团队中的人，让他们充分参与到项目活动中。

15.4 项目管理成功的关键

描述

以下是管理小型项目成功的关键。

过程概述

- 确保每个项目都使用了适量的过程。如果一开始用得太多或太少，就要进行必要的调整。
- 将过程指南放在手边，以便快速参考。
- 将项目管理过程与产品开发过程结合起来，以获得更高的效率。
- 引导其他项目经理开始对小型项目进行项目管理。

项目启动

- 在过程的早期让项目干系人参与进来，并让他们在项目的整个过程中持续参与。
- 建立信任。
- 记住，项目章程为规划阶段设定了舞台，应该包括所有关键干系人的意见。
- 在继续进行之前获得必要的批准。

项目规划

- 做好规划和重新规划的准备。
- 做工作的人应该帮助规划工作。

- 使用头脑风暴会议吸引团队参与。
- 使用决策工具和技术来促进规划过程。记住，越早发现问题就越容易解决它。
- 项目计划中不仅要包括项目进度表，还要包括所有的规划文件。
- 收集项目需求并定义项目范围。
- 记录假设和约束。
- 意识到逻辑关系，并对其进行规划。默认情况下，大多数关系是“结束－开始”关系，即一项工作结束后，随后的工作才能开始。其他需要仔细考虑的关系是“结束－结束”关系（一项工作结束前，另一工作必须结束）和“开始－开始”关系（一项工作开始后，随后的工作才能开始）。可以在项目进度表中增加一列，以表明任务或可交付成果之间的依赖关系。
- 如果没有项目管理软件，那么可以通过使用文字处理或电子表格软件来做小型项目的计划。可以很容易地用手画出工作分解结构（WBS），或者用大纲格式来制定。
- 为关键的项目资源进行谈判。
- 在新项目开始时使用从以前的项目中获得的经验。
- 将项目文件保存在项目笔记中，并在项目开始时建立一个电子存档系统。
- 记住，如果你不做计划，就不会控制好项目。
- 获得发起人对项目计划的批准。

简单项目的项目规划

- 即使是最简单的项目也要进行某种形式的规划。
- 根据需要使用为小型项目定义的工具和技术。

项目控制

- 仔细监测项目进度，对偏差做出反应，并与项目干系人沟通。
- 管理问题和风险，并在必要时进行升级。
- 识别请求的变更对项目资源、进度和预算的影响，并在获得批准后将变更纳入项目中。
- 保持积极的态度，特别是在困难时期。

项目收尾

- 确保项目目标都得以实现。
- 确保所有的可交付成果都已完成。
- 将项目资料归档。
- 庆祝项目成功。

管理多个项目

- 对各个项目使用统一的过程和工具。
- 合并项目，在适当的层级进行管理，并对项目进行分析。
- 确保对风险进行两次规划——首先是在规划单个项目时，其次是在规划多个项目时。
- 使用综合报告沟通项目进展。

- 用不同颜色标识项目编码，使其更加清晰。

建立有效的团队

- 确保会议纪要清晰简洁、切中要害。
- 建立决策和问题升级的程序。
- 在组建期，开展团队建设活动，帮助团队从个人运作过渡到团队运作。
- 在激荡期，使用适当的程序和技术来管理冲突。
- 在规范期，通过互动式提问、合作式目标设定、建设性反馈和积极的指导来对团队进行引导。
- 在执行期，允许团队成员之间相互依赖并保持灵活性。
- 在休整期，表现出关怀和感激。

一个人的项目

- 进行项目管理，因为它是正确的事情。
- 将所有的小型项目作为大型项目的训练场。
- 有效管理时间，并找到保持动力的方法。

第四部分

敏捷

第 16 章 敏捷

“敏捷是创造和应对变化的能力。它是一种应对不确定性和动荡的环境并最终取得成功的方法。”它实际上是在考虑你今天所处的环境发生了什么，识别你所面临的不确定性，并帮助你在前进的过程中适应这种环境。敏捷与其他方法的区别在于，解决方案是通过自组织的跨职能团队之间的协作而不断演进的。“敏捷是一种基于一系列关键价值和原则的思维模式，旨在通过以人为本的原则，更好地实现协作工作和交付持续的价值。”“敏捷”也是一个总称，用来描述许多不同的框架和实践，支持《敏捷宣言》和其背后的 12 条原则所表达的价值观。

16.1 有关敏捷的历史

在 20 世纪 90 年代，软件开发人员意识到他们需要改变自己构建软件的方式。通过混合新旧思想，他们找到了一些有效的方法。

这些方法被统称为敏捷软件开发方法，它们强调开发团队和业务干系人之间的紧密合作。在这期间，不同的框架开始发展，但没有一致的方式来描述开发软件的不同方法。2001 年，17 位软件开发人员开会讨论这些敏捷软件开发方法，并一起发表了《敏捷软件开发宣言》(简称《敏捷宣言》)。敏捷联盟在这次聚会后不久成立，以鼓励从业者进一步探索和分享想法及经验。

2011 年，敏捷联盟出品了《敏捷实践指南》(*Guide to Agile Practices*)，2016 年，其被更名为《敏捷词汇表》(*Agile Glossary*)，这是一本不断演进的开源汇编，包含了敏捷实践、术语和元素的工作定义，以及来自全球敏捷从业者社区的解释和经验指南。《敏捷宣言》提供了一套价值声明，构成了敏捷软件开发的基础。在之后的几个月里，作者用《敏捷宣言》背后的 12 条原则对这些观点进行了扩展。这些价值观和原则为如何创造和应对变化以及如何处理不确定性提供了指导。

16.2 项目生命周期：从预测型到适应型（从瀑布到敏捷）

正如第 5 章“过程概述”中所述，项目生命周期为管理项目提供了基本框架。在第 5 章中，我们讨论了传统或瀑布式的生命周期。传统 / 瀑布式的生命周期也被称为预测型生命周期。与之相对应的是敏捷型生命周期，它被称为适应型生命周期。其他生命周期包括迭代型、增量型和混合型。

敏捷宣言

我们一直在实践中探寻更好的软件开发方法，身体力行的同时也帮助他人。由此我们建立了以下价值观：

个体和互动高于流程和工具；
可工作的软件高于详尽的文档；
客户合作高于合同谈判；
响应变化高于遵循计划。

也就是说，尽管右项有其价值，但我们更重视左项的价值。

敏捷 12 条原则

第 1 条 我们最优先考虑的是通过尽早和持续不断地交付有价值的软件来使客户满意。
第 2 条 即使在开发后期也欢迎需求变更。敏捷流程利用变更为客户创造竞争优势。
第 3 条 采用较短的项目周期（从几周到几个月），不断地交付可工作的软件。
第 4 条 业务人员和开发人员必须在整个项目期间每天一起工作。
第 5 条 围绕富有进取心的个体而创建项目。为他们提供所需的环境和支持，信任他们所开展的工作。
第 6 条 不论团队内外，传递信息效果最好且效率最高的方式是面对面交谈。
第 7 条 可工作的软件是测量进展的首要指标。
第 8 条 敏捷流程倡导可持续开发。发起人、开发人员和用户要能够长期维持稳定的开发步伐。
第 9 条 坚持不懈地追求技术卓越和良好设计，从而增强敏捷能力。
第 10 条 以简洁为本，最大限度地减少工作量。
第 11 条 最好的架构、需求和设计出自自组织团队。
第 12 条 团队定期反思如何能提高成效，并相应地调整自身的行为。

本节从讨论预测型（瀑布式）生命周期开始，一直到讨论敏捷型生命周期结束。混合型生命周期结合了预测型和适应型，或多个适应型框架，以创建一个量身定做的生命周期来满足组织的需要。图 16-1 提供了瀑布式和敏捷型生命周期所包含的阶段的视图，表 16-1 对二者进行了对比。

预测型

预测型生命周期（见图 16-2）也称为瀑布式生命周期，被认为是一种更传统的方法。它利用了已知和已证实的事物，通过降低不确定性和复杂性，使团队能够将工作分成一连串可预测的分组活动，如需求、分析、设计、构建、测试等。在预测型生命周期中，大部分计划是在前期进行的；需求是固定的；项目的范围、进度和成本在早期就已经确定，并通过变更控制进行管理；活动是按顺序一次性执行的。

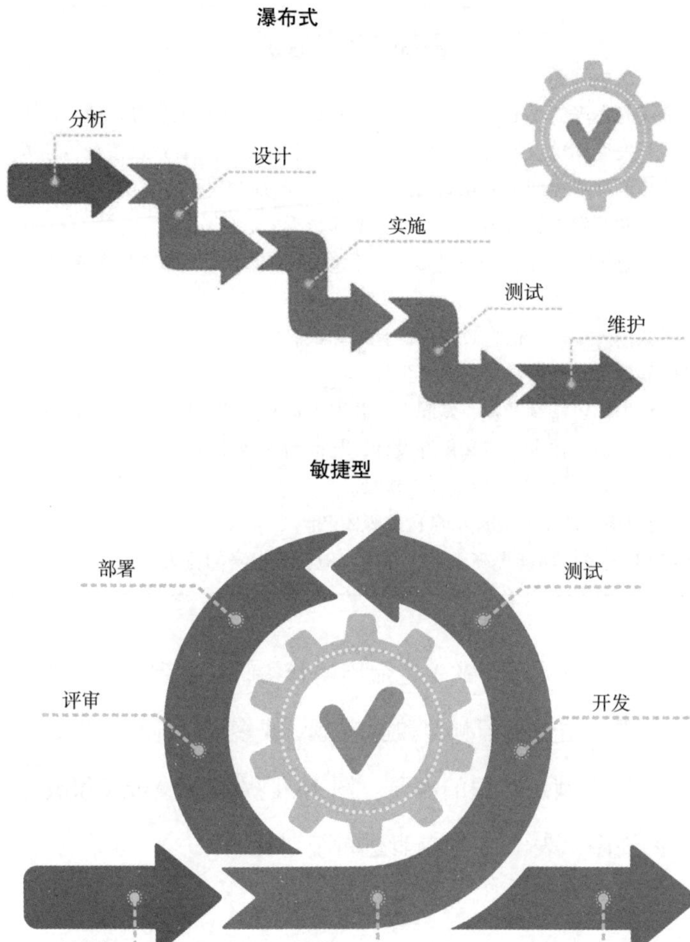

图 16-1　瀑布式和敏捷型生命周期

表 16-1 瀑布式与敏捷型生命周期的对比

瀑布式	敏捷型
• 通常依次进行需求、设计、构建、测试、实施 / 交付	• 允许在初始规划完成后进行变更，允许在客户决定变更时对程序进行改写
• 重新审视以前的阶段会打乱流程	• 更容易添加功能
• 在项目结束时，交付整个范围的价值	• 在每个冲刺结束时，对项目的优先级进行评估，这使得客户可以添加他们的反馈，从而获得他们想要的产品
• 缺点：商业需求和交付之间存在时间差，在此期间，商业需求可能发生变化，导致最终产品不能满足商业需求	• 缺点：最初的项目没有一个明确的计划；最终的产品可能与最初的意图有很大的不同

图 16-2 预测型 / 瀑布式生命周期

迭代型

迭代型生命周期（见图 16-3）允许对部分完成或未完成的工作进行反馈，因此可以对工作进行改进或修改。需求是动态的，项目范围在生命周期的早期就已经确定，时间和成本随着更多信息的出现而被修改，活动反复进行，直到正确为止。在分析和设计阶段，团队可能会向客户提供一个原型以获得反馈。客户的反馈可以帮助团队了解他们需要什么，以便在构建和测试阶段进行改进。

图 16-3　迭代型生命周期

增量型

增量型生命周期（见图 16-4）提供了客户可以立即使用的成品。需求是动态的，对于一个特定的增量，活动只执行一次。

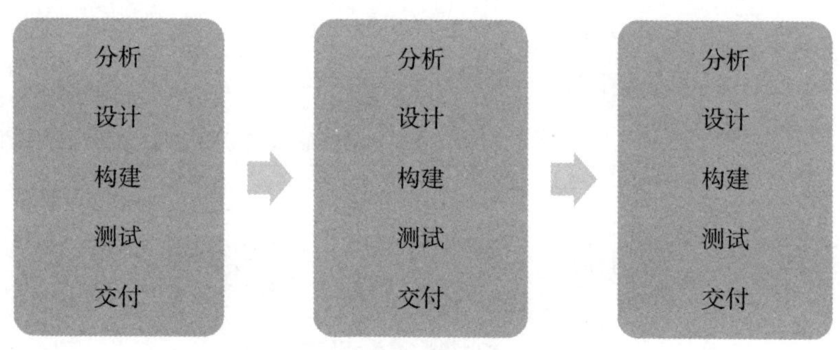

图 16-4　增量型生命周期

敏捷型

敏捷型也被称为适应型。敏捷通过迭代和增量两种方法来完善可交付成果及交付频率。需求是动态的，活动是反复进行的，直到正确为止。敏捷型生命周期如图 16-5 所示。

当团队使用敏捷方法时，他们可以对产品进行迭代，以创造更完善的可交付成果。团队获得了早期的反馈，可以更早地发布产品，更早地获得投资回报，因为团队首先交付了价值最高的工作成果。

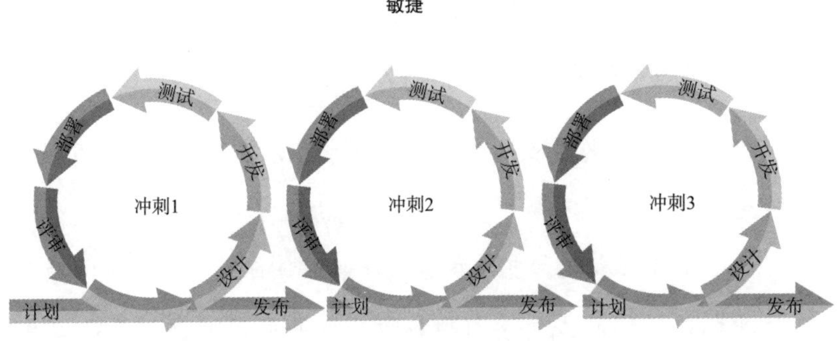

图 16-5 敏捷型生命周期

敏捷的好处

敏捷方法和实践实现的好处如下：

- 30%～36% 的员工满意度提高；
- 31%～40% 的员工得到更多授权；
- 41%～51% 的客户体验改善；
- 42%～56% 的产品 / 服务质量提升。

16.3 敏捷和项目管理知识领域

敏捷思想适用于许多学科。当你认为敏捷是一个形容词时，它描述了你进行某种活动的方式。因此，项目管理中的敏捷解释了我们如何以一种允许我们创造和应对变化以及处理不确定性的方式进行项目管理。因此，项目管理协会（PMI）出版了《敏捷实践指南》（*Agile Practice Guide*），针对敏捷方法的使用进行了探讨。《PMBOK® 指南》（第 6 版）将敏捷的概念与十大知识领域相结合。

- **项目整合管理**——“敏捷方法促进了团队成员的参与。团队成员决定计划和组件应该如何整合。”
  - “项目经理的工作重点是建立一个合作的决策环境，确保团队有能力应对变化。”
  - 对于小型项目来说，可以在迭代计划、每日站会和项目回顾会议期间让跨职能的团队成员参与项目讨论，并使用可视化管理工具来加强协作。
- **项目范围管理**——“在需求不断变化、高风险或包含重大不确定性的项目中，范围往往在项目开始时不被理解，或者在项目中不断变化。”
  - “敏捷方法在项目的早期阶段试图有意花较少的时间定义和商定范围，而花更多的时间建立持续发现和完善的过程。在许多有新兴需求的环境中，真正的商业需求和最初陈述的商业需求之间往往存在差距。”敏捷方法允许你建立发布版本，以完善需求。
  - 对于小型项目来说，可以细化和重新定义范围，在整个项目中定义和管理需求，并使用待办事项列表列出所有已知的项目需求。
- **项目进度管理**——“使用短周期的适应性方法开展工作，审查结果，并根据需要进行调整。”
  - 适应性规划允许新的知识被纳入，这可能会推动优先事项的改变。短周期为迭代计划和增量交付提供了快速反馈。
  - 项目经理在敏捷环境中需要使用敏捷工具和技术来制定、管理项目进度。
  - 对于小型项目，使用看板来管理工作流程。

- **项目成本管理**——“对于不确定性高的项目或范围尚未完全确定的项目来说，由于经常变化，可能无法从详细的成本计算中获益。”
    - “轻量级的估算方法可以用来生成一个快速的、高层级的项目人工成本预测，然后可以在出现变化时轻松调整。详细的估算以适时的方式在短期规划层面进行。”
    - 在小型项目中，随着范围和进度的调整，成本预测可以很容易地被调整。
- **项目质量管理**——“为了驾驭变化，敏捷方法要求在整个项目中建立频繁的质量和评审步骤，而不是在项目结束时。”
    - “经常性的回顾有助于检查质量过程的有效性。它可以帮你寻找问题的根本原因，然后通过试验新的方法来提高质量。”
    - 对于小型项目来说，可以在过程的早期使用小批量系统来发现不一致和质量问题。
- **项目资源管理**——“具有高度可靠性的项目受益于那种能够最大限度地集中精力和协作的团队结构，如具有泛化专家的自组织团队。”
    - 项目经理应该通过促进协作来提高生产力，用创新的方式解决问题，使用协作工具来促进团队讨论和决策。
    - 对于小型项目来说，可以使用协作和支持性的管理，来使团队做出决策。
- **项目沟通管理**——“受各种模糊性和变化因素影响的项目环境有一种内在的需要，即更频繁和快速地沟通不断发展和涌现的细节。”
    - 项目经理应公开发布项目工件，并定期与项目干系人沟通。

- **项目风险管理**——“高变异性环境会产生更多的不确定性和风险。为了解决这个问题，通过使用适应性方法对增量式可工作产品和跨职能项目团队的频繁评审来加速知识共享，确保风险被理解和管理。”
    - “在选择每个迭代的内容时都会考虑风险，在每个迭代期间也会识别、分析和管理风险。”
- **项目采购管理**——“在敏捷环境中，可以使用特定的卖家来扩展团队。这种合作的工作关系可以带来一个风险共担的采购模式，买方和卖方共同承担与项目相关的风险和回报。”
- **项目干系人管理**——“对于高度变化的项目，团队需要与项目干系人积极地接触和参与。”
    - “为了促进及时、富有成效的讨论和决策，适应性团队应与干系人直接接触，而不是通过层层管理来间接接触。”
    - 为了加速组织内和组织间的信息共享，敏捷方法提倡积极的透明度。例如，邀请干系人参加项目会议和评审，或在公共空间发布项目工件，其目的是为了尽快发现任何与变化的项目有关的错位、依赖或其他问题。

16.4 仆人式领导

仆人式领导是一种领导哲学，在该理论中，领导者的主要目标是服务。仆人式领导这一概念是罗伯特 · K. 格林里夫（RobertK.Greenleaf）在其 1970 年首次发表的《作为领导者的仆人》（*The Servant as Leader*）一文中提出的。在这篇文章中，格林里夫说：“仆人式领导首先是仆人。”仆人式领导主要关注人们及其所属社区的成长和福祉。传统的领导通常处于金字塔顶端并在那里积累和行使权力，而仆人式领导则不同——仆人式领导分享权力，将他人的需求放在首位，并帮助他人尽可能地发展和表现自我。

仆人式领导在敏捷方法中被强调为授权团队的一种方式。它是通过理解和解决团队成员的需求，使团队获得尽可能高的绩效来领导团队的一种实践。根据《敏捷实践指南》，“仆人式领导的作用是促进团队对敏捷的发现和定义”。仆人式领导按以下次序开展项目工作。

- **目的**：与团队一起定义“为什么”或目的，这样他们就可以参与并凝聚在项目的目标周围。整个团队在项目层面进行优化，而不是在个人层面。
- **人**：一旦目的确立，鼓励团队创造一个人人都能成功的环境，要求每个团队成员为整个项目工作做出贡献。
- **过程**：不要计划着遵循完美的敏捷过程，而要看重结果。

罗伯特·格林里夫的“仆人式领导的10个原则”

1. **倾听**：认真倾听他人。识别并澄清团体的意愿，认真倾听别人说什么和不说什么，倾听他人内心的声音，寻求他人的身体、精神和思想所传达的内容。

2. **同情**：努力理解和同情他人。承认并接受人们独特的精神世界。一个人要假设同事的意图是良好的，即使有时被迫拒绝他们的行为，也不对他人进行否定。

3. **愈合**：关系的愈合是转化和整合的强大力量。仆人式领导的巨大优势之一就是有可能治愈自己以及与他人的关系。

4. **意识**：一般的意识，特别是自我意识，能提升仆人式领导的能力。

它使人能够从一个更综合、更全面的立场来看待大多数情况。

5. **说服力**：仆人式领导力图说服他人，而不是胁迫他人服从。仆人式领导能有效地在团体中建立共识。

6. **概念化**：仆人式领导寻求培养自己“超越梦想”的能力。从概念化的角度看问题（或组织）的能力意味着思考必须是超越日常现实层面的。仆人式领导必须扩展他们的思维，包括概念性思维，并在概念化和日常工作之间寻求微妙的平衡。

7. **前瞻性**：这是一种预见某种情况可能发生的能力。前瞻性使仆人式领导能够理解过去的教训、现实，以及未来决策可能产生的后果。它深深地扎根于直觉思维中。

8. **服务社会**：所有首席执行官、主管和员工都在为给社会贡献更大利益而在各自岗位上发挥着重要作用。

9. **对他人成长的承诺**：仆人式领导相信，人的内在价值超越了他们作为普通员工的实际贡献。因此，仆人式领导致力于组织内每一个人的个人、专业和精神成长。

10. **建立社区**：仆人式领导寻求一种方法，即在特定机构内的工作人员群体中建立社区。

仆人式领导对干系人进行敏捷实践教育，通过指导、鼓励和专业发展来支持团队，帮助团队开展技术性的项目管理活动，并庆祝团队的成功。在敏捷环境中，项目经理从中心地位转变成为团队和管理层服务。作为仆人式领导，项目经理将他们的重点转向辅导团队成员，促进团队中更大的合作，并对标干系人的需求。这种转变使团队成员，即那些拥有知识的人，能够更好地完成工作。

16.5 敏捷团队

敏捷团队是跨职能的、自组织的团体，可以定义、构建和测试一个解决方案。他们对沟通和商业价值的交付进行了优化。通过工作拆分和排序，使增量价值可以每两周交付一次。理想情况下，敏捷团队有 3～9 名成员，并且在一个团队空间内办公，所有团队成员能够百分之百地投入团队工作中。

仆人式领导的特点

- 促进自我觉察力
- 倾听
- 为团队中的人服务
- 帮助人们成长
- 教练与控制
- 促进安全、尊重和信任
- 提升他人的能量和智慧

角色和责任

敏捷团队的结构是为了创造性地合作，它可以包括以下角色：项目经理、跨职能的团队成员、产品负责人和团队协调人。

敏捷专家

敏捷专家为团队和管理层服务。作为一个服务型领导，敏捷专家指导那些需要帮助的人，促进团队更大的协作，协调干系人的需求，并鼓励那些拥有知识的人完成工作。

敏捷专家需要对变化做出快速反应。这关系到能否获得信息，以及是否有能力理解如何使用这些信息来支持项目团队并对干系人做出回应。这就要求敏捷专家和业务负责人之间建立起强有力的关系，以便高效地分享信息、进行协作和确定优先次序。

在敏捷环境中，敏捷专家需要了解项目如何与组织的战略目标和满足项目目标的商业需求相一致。因此，正如 PMI 所指出的那样，战略和业务管理技能与技术项目管理和领导技能是必需的。

跨职能的团队成员

跨职能的团队成员拥有生产可交付产品所需的技能。他们可以在最短的时间内交付完成的工作，并使其具有较高的质量——特别是在没有外部依赖的情况下。这些团队是自组织的，具有灵活性和创造性，被授权管理他们的工作，并对产品交付负责。

产品负责人

产品负责人负责提供愿景并指导产品的方向。产品负责人与干系人一起工作，为项目定义边界，并与团队一起工作，提供反馈，为下一步工作的开发 / 交付确定方向。这是通过评审和重新确定用于迭代计划的团队待办事项的优先级来实现的。此外，作为迭代计划的一部分，产品负责人还要与其他产品负责人协调工作上的依赖关系。最后，产品负责人负责通过定义用户故事的验收标准和确定用户故事的完成时间来定义“完成”。

团队协调人

团队协调人作为一个仆人式领导，负责引导、指导和消除障碍。其中一个关键的责任是通过消除阻碍和障碍来保护团队免受外部力量的影响。此外，团队协调人还帮助团队学习和遵循敏捷原则及实践。这个角色可以由项目经理、敏捷专家、项目团队负责人、团队教练或团队协调人来扮演。

团队结构

敏捷团队可以由自管理、跨职能、同地办公和专注的团队组成。

自管理

敏捷团队是自管理的。在这个团队中，每个成员都同样重要（没有等级制度），但职责明确。这意味着每个团队成员都应该得到平等的机会来表达自己的意见，而后他们可以一起制定一个解决方案。最终，产品负责人对优先级有最终决定权，但所有其他的讨论都是在敏捷专家的指导下进行的，以形成大家都同意的解决方案。

跨职能

团队应该拥有交付可工作的产品所需的所有知识。这并不意味着每个团队成员都应该是完美的开发者并拥有所有这些知识，但这些知识需要在团队成员之间传播。

同地办公

敏捷方法建议密切协作。理想的情况是，整个团队在同一个房间里工作，这样就不会有沟通障碍（无论多么小的障碍）。当团队成员分散在不同的房间、地点或时区时，人们推迟互动是正常的。

对于小型项目，团队可能不在同一地点。因此，团队应该安排专门的工作时间并使用团队工作空间。在同一地点专门的工作时间将允许团队成员在一段时间内不受干扰地工作。视频会议、文件共享和其他工具应被用于协作。在虚拟会议期间使用摄像机，将使团队成员在会议期间更加投入，并且有助于建立关系和促进信任。

专注

团队中的每个成员都应该全身心地投入项目中，因为任何分心都会拖延工作。专注地工作远比在不同任务之间切换或在两个项目之间分配注意力更有效。

专注于一个项目也是承担起所有权和责任的最佳方式（可以更好地进行自管理）。

一个值得关注的问题是，当团队不是百分之百地专注时，团队成员会因为多任务而丧失生产力。多任务处理降低了团队工作的吞吐量，影响了团队持续预测交付的能力。

团队成员并不总是完全致力于一个小型项目，他们往往在多个小型项目或一个小型项目和业务活动中工作。值得注意的是，当进行任务转换时，人们会经历生产力的损失，这个数值一般在 20% ~ 40%。而且，人们在进行多任务处理时更容易犯错。因此，精心的计划和协作工具的应用将有助于敏捷方法的使用。

16.6 工具和技术

工具和技术包括 Scrum、看板方法和 Scrum 板。

Scrum

Scrum 是一个用于管理产品开发的单期过程框架。该框架由 Scrum 的角色、工件和规则组成，并使用迭代的方法来交付可工作的产品。Scrum 在一个月或更短的时间盒内运行，这些时间盒被称为冲刺，在冲刺中生产出潜在可发布的产品增量。

Scrum 板（见图 16-6）显示了冲刺待办事项、正在进行的工作和已完成的工作。

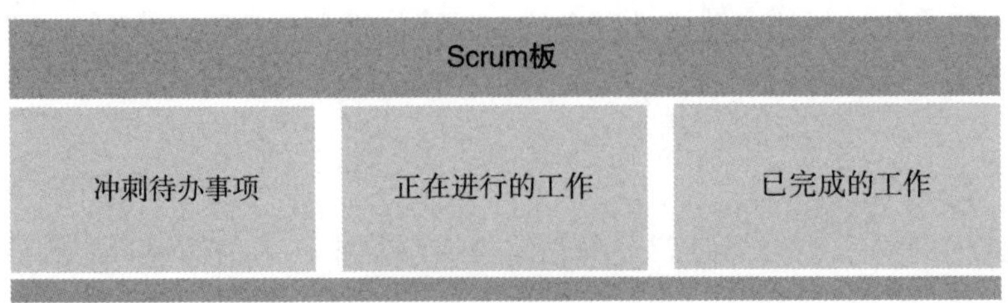

图 16-6　Scrum 板

Scrum团队由产品负责人、开发团队和敏捷专家组成。

- 产品负责人负责将产品的价值最大化。
- 开发团队是一个跨职能、自组织的团队，团队成员在团队中拥有他们所需的一切，以按时交付可工作的产品，而不依赖于团队以外的其他人。
- 敏捷专家负责确保Scrum过程得到维护，努力确保Scrum团队遵守实践和规则，并指导团队消除障碍。

Scrum事件及工件见表16-2。

表16-2　Scrum事件及工件

事件	工件
冲刺 冲刺计划会 每日站会 冲刺评审会 冲刺回顾会	**产品待办事项列表** **冲刺待办事项列表** **产品增量**

看板方法

看板是一个可视化的流程管理系统。看板这个词的字面意思是“视觉标识”“卡片”或“标识板”。看板促进了工作的可视化，通过系统的流动让所有人都能看到各项工作。一个简单的看板主要有三列内容：待办事项、进行中事项和已完成事项。看板也可以按照项目生命周期中的活动来安排，如待办、分析、开发、测试、交付。看板方法适用于很多场合，并允许工作的持续流动。

与大多数敏捷方法不同的是，看板方法并不规定使用固定时间盒的迭代。迭代可以在看板方法中使用，但是通过流程连续拉动单个事项的原则和限制正在进行的工作以优化流程的原则应该始终保持不变。当一个团队或组织需要满足以下条件时，看板方法可以得到最好的应用。

- **灵活性**：团队通常不受时间盒的约束，会优先处理待办事项中优先级别最高的事项。
- **注重持续交付**：团队注重系统中的工作流，直到完成正在进行的工作才开始新的工作。
- **提高生产力和质量**：通过限制在制品的数量，提高生产力和质量。
- **提高效率**：检查每项任务的增值或不增值的活动，去除不增值的活动。
- **团队成员的注意力**：限制在制品的数量，使团队能够专注于当前的工作。
- **工作量的可变性**：当完成工作的方式不可预测时，团队就不可能做出可预测的承诺，即使是短期的。
- **减少浪费**：透明化使浪费显而易见，这样就可以将其消除。

看板提供了对工作流程、瓶颈、阻塞和项目整体状态的清晰洞察。利用看板，你可以通过设置工作流中每个状态下最多的工作数量，以及定义工作开始前必须满足的前提条件来限制在制品。图 16-7 中的看板允许团队识别待办事项，以及分析、构建和测试活动中每一事项的进展和完成情况。

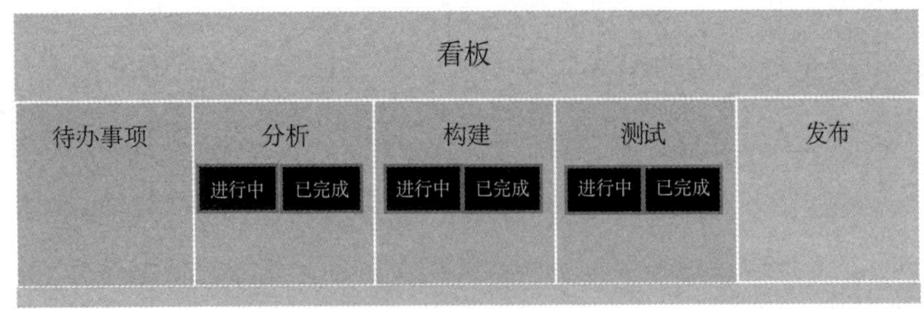

图 16-7　看板

在看板方法中，完成工作比开始新工作更重要。没有完成的工作是没有价值的，所以团队要共同执行并遵守在制品的限制，并通过系统把每项工作完成。

Scrum 和看板方法的区别如表 16-3 所示。

表 16-3　Scrum 和看板方法的区别

Scrum	看板
• Scrum 团队在以 2 周为周期的冲刺中开展工作 • 团队承诺在一个冲刺中完成一定数量的工作 • Scrum 方法适用于可预测的工作	• 看板团队在一个连续的过程中工作 • 看板上的待办事项是非常动态的，并不断被进行优先级排序 • 看板方法适用于不可预测的工作

Scrum 板

正如《敏捷实践指南》（*Agile Practice Guide*）中所述，Scrum 板是一种敏捷方法，最初被设计为从 Scrum 过渡到看板的一种方式。随着其他敏捷框架和方法论的出现，它本身就成为一个不断发展的混合框架，团队使用 Scrum 作为框架，使用看板进行过程改进。

在 Scrum 板中，将工作安排到小的冲刺中，并利用看板对工作进行可视化和监控。将用户故事放在看板上，团队通过使用在制品限制来管理工作；每天召开会议，以保持团队间的合作，并消除障碍。为了让团队知道何时进行下一步计划，通常在工作进展水平低于预先确定的限制时，会设置一个计划触发器。Scrum 板中没有预定的角色，团队继续保持他们当前的角色。

Scrum 板方法适用于小型项目，因为它提供了敏捷方法论的灵活性，可以很容易地适应项目的需要。

16.7 常规实践

常规实践包括对用户故事、回顾、待办事项的准备和细化，以及召开每日站会。

用户故事

用户故事是对一个功能的简短描述，由将要进行这项工作的团队从希望获得新功能的人的角度出发来撰写。每个用户故事都被期望能够增加整个产品的价值。创建用户故事的目的是提供清晰、足够详细的开发内容，以便团队知道如何实现这些开发目标。

回顾

回顾是一种重要的做法，因为它允许团队从以前的产品及其过程中学习。回顾通常发生在一个迭代之后，大约每两周一次。它也可以在产品发布后或团队完成项目里程碑后进行。

回顾的目的是从以前的工作中学习，并做出小的改进。通过回顾，团队查看定性（人们的感受）和定量（测量）数据，以找到未能完成任务目标的根本原因，设计对策，并制订行动计划。

用户故事

- 描述：对将要开发的内容和原因的解释。
- 预期的任务：完成该用户故事所需的行动。
- 验收标准：验证用户故事的最终状态是否已经达到预期。

待办事项的准备和细化

待办事项列表是团队所有工作的有序列表。这些工作以用户故事的形式呈现，以便让团队足以理解当前的迭代，也足以理解下一个迭代。

每日站会

每日站会的时间不应超过 15 分钟，可以让团队成员参与讨论，让他们发现问题并确保工作的顺利进行。在每日站会中，每个人都要回答以下问题。

- 自从上次站会以来，我完成了什么？
- 从现在到下一次站会，我计划完成什么？
- 我的阻碍（或风险、问题）是什么？

16.8 项目实例

达拉斯・李（Dallas Lee）是一个软件开发项目的项目经理。他使用瀑布法来制订项目计划，该计划包括需求、分析、构建、测试和发布活动阶段。该组织决定从瀑布式过渡到敏捷方法，达拉斯担任敏捷专家的角色。表 16-4 显示了瀑布式项目进度表的一部分。达拉斯制定的前三个冲刺计划表和冲刺计划板分别如表 16-5 和图 16-8 所示。

现在达拉斯使用的是敏捷方法，他为每个冲刺创建了用户故事。图 16-9 显示了达拉斯的一个用户故事。

表 16-4　瀑布式项目进度表

WBS	任务名称	持续时间	开始时间	结束时间	前置任务	资源名称
1	**软件开发**	196 天	**周一 2019 年 1 月 9 日**	**周一 2020 年 6 月 8 日**		
1.1	**项目规划**	12 天	**周一 2020 年 1 月 6 日**	**周二 2020 年 1 月 21 日**		
1.1.1	确认项目范围	1 天	周一 2020 年 1 月 6 日	周一 2020 年 1 月 6 日		费思・迈克尔斯
1.1.2	制订项目计划	10 天	周二 2020 年 1 月 7 日	周一 2020 年 1 月 20 日	3	达拉斯・李
1.1.3	获得项目计划批准	1 天	周二 2020 年 1 月 21 日	周二 2020 年 1 月 21 日	4	达拉斯・李
1.1.4	完成项目规划	0 天	周二 2020 年 1 月 21 日	周二 2020 年 1 月 21 日	5	
1.2	**分析软件要求**	10 天	**周三 2020 年 1 月 22 日**	**周二 2020 年 2 月 4 日**		
1.2.1	起草软件规格说明书	55 天	周三 2020 年 1 月 22 日	周二 2020 年 1 月 28 日	6	梅林・亚当斯
1.2.2	与团队一起评审软件规格	3 天	周三 2020 年 1 月 29 日	周五 2020 年 1 月 31 日	8	梅林・亚当斯、达拉斯・李
1.2.3	采纳对软件规格的反馈意见	1 天	周一 2020 年 2 月 3 日	周一 2020 年 2 月 3 日	9	梅林・亚当斯
1.2.4	获得批准，以继续工作	1 天	周二 2020 年 2 月 4 日	周二 2020 年 2 月 4 日	10	费思・迈克尔斯、达拉斯・李
1.2.5	分析完成	0 天	周二 2020 年 2 月 4 日	周二 2020 年 2 月 4 日	11	
1.3	**设计**	21 天	**周三 2020 年 2 月 5 日**	**周三 2020 年 3 月 4 日**		
1.3.1	评审初级的软件规格	2 天	周三 2020 年 2 月 5 日	周四 2020 年 2 月 6 日	12	梅林・亚当斯
1.3.2	开发功能规格	10 天	周五 2020 年 2 月 7 日	周四 2020 年 2 月 20 日	14	梅林・亚当斯

（续表）

WBS	任务名称	持续时间	开始时间	结束时间	前置任务	资源名称
1.3.3	评审功能规格	3 天	周五 2020 年 2 月 21 日	周二 2020 年 2 月 25 日	15	费思・迈克尔斯
1.3.4	将反馈意见纳入功能规范	5 天	周三 2020 年 2 月 26 日	周二 2020 年 3 月 3 日	16	费思・迈克尔斯
1.3.5	获得流程的批准	1 天	周三 2020 年 3 月 4 日	周三 2020 年 3 月 4 日	17	费思・迈克尔斯、达拉斯・李
1.3.6	设计完成	0 天	周三 2020 年 3 月 4 日	周三 2020 年 3 月 4 日	18	
1.4	**开发**	**22 天**	**周四 2020 年 3 月 5 日**	**周五 2020 年 4 月 3 日**		
1.4.1	评审功能规格	1 天	周四 2020 年 3 月 5 日	周四 2020 年 3 月 5 日	19	史蒂芬・布朗
1.4.2	确定模块化 / 分层设计参数	1 天	周五 2020 年 3 月 6 日	周五 2020 年 3 月 6 日	21	史蒂芬・布朗
1.4.3	开发代码	20 天	周一 2020 年 3 月 9 日	周五 2020 年 4 月 3 日	22	史蒂芬・布朗
1.4.4	开发者测试（主要是调试）	15 天	周一 2020 年 3 月 16 日	周五 2020 年 4 月 3 日	23	史蒂芬・布朗
1.4.5	开发完成	1 天	周五 2020 年 4 月 3 日	周五 2020 年 4 月 3 日	24	

表 16-5　冲刺计划表

冲刺	名称	工作	状态	资源名称	任务摘要名称	截止时间	是否在板上显示
冲刺 1	确认项目范围	8 小时	未开始	费思・迈克尔斯	项目规划	NA	是
冲刺 1	制订项目计划	80 小时	未开始	达拉斯・李	项目规划	NA	是
冲刺 1	获得项目计划批准	8 小时	未开始	达拉斯・李	项目规划	NA	是
冲刺 1	完成项目规划	0 小时	未开始		项目规划	NA	是
冲刺 2	起草初级的软件规格说明书	40 小时	未开始	梅林・亚当斯	分析 / 软件要求	NA	是
冲刺 2	与团队一起评审软件规格	48 小时	未开始	梅林・亚当斯 达拉斯・李	分析 / 软件需求	NA	是
冲刺 2	将反馈意见纳入软件规格	8 小时	未开始	梅林・亚当斯	分析 / 软件需求	NA	是
冲刺 2	获得批准，以便继续工作	16 小时	未开始	费斯・迈克尔斯 达拉斯・李	分析 / 软件需求	NA	是
冲刺 3	评审初级的软件规格	16 小时	未开始	梅林・亚当斯	设计	NA	是
冲刺 3	第 1 版：设计	8 小时	未开始	彭妮・布莱特	设计	NA	是
冲刺 3	第 1 版：开发	8 小时	未开始	史蒂芬・布朗	设计	NA	是
冲刺 3	第 1 版：单元测试	8 小时	未开始	史蒂芬・布朗	设计	NA	是
未冲刺	第 1 版：集成测试	8 小时	未开始	梅林・亚当斯	设计	NA	是
未冲刺	第 1 版：部署	8 小时	未开始	达拉斯・李	设计	NA	是
未冲刺	第 1 版：评审	8 小时	未开始	费思・迈克尔斯	设计	NA	是
未冲刺	第 2 版：设计	8 小时	未开始	彭妮・布莱特	设计	NA	是
未冲刺	第 2 版：开发	8 小时	未开始	史蒂芬・布朗	设计	NA	是
未冲刺	第 2 版：单元测试	8 小时	未开始	史蒂芬・布朗	设计	NA	是
未冲刺	第 2 版：集成测试	8 小时	未开始	梅林・亚当斯	设计	NA	是
未冲刺	第 2 版：部署	8 小时	未开始	达拉斯・李	设计	NA	是
未冲刺	第 2 版：评审	8 小时	未开始	费思・迈克尔斯	设计	NA	是
未冲刺	开发功能规范	8 小时	未开始	梅林・亚当斯	设计	NA	是

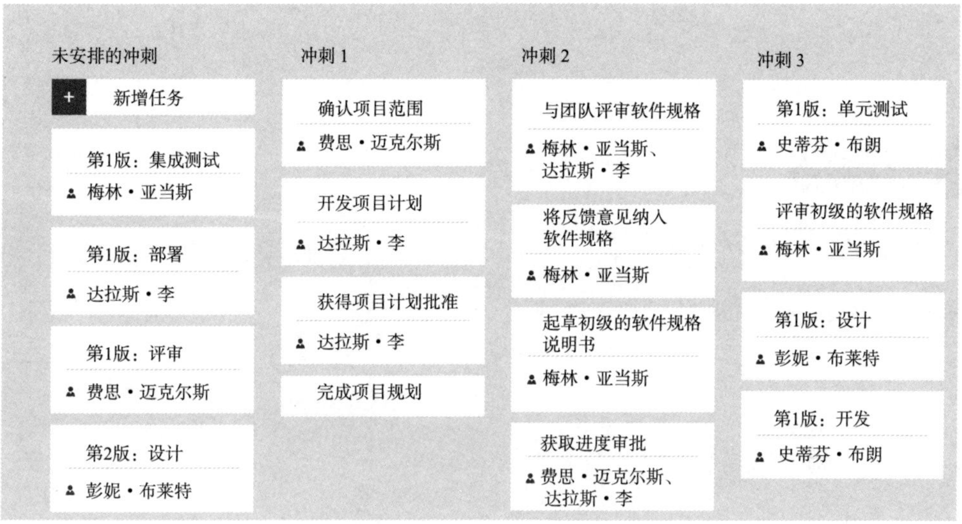

未安排的冲刺	冲刺 1	冲刺 2	冲刺 3
+ 新增任务	确认项目范围 费思·迈克尔斯	与团队评审软件规格 梅林·亚当斯、达拉斯·李	第1版：单元测试 史蒂芬·布朗
第1版：集成测试 梅林·亚当斯	开发项目计划 达拉斯·李	将反馈意见纳入软件规格 梅林·亚当斯	评审初级的软件规格 梅林·亚当斯
第1版：部署 达拉斯·李	获得项目计划批准 达拉斯·李	起草初级的软件规格说明书 梅林·亚当斯	第1版：设计 彭妮·布莱特
第1版：评审 费思·迈克尔斯	完成项目规划	获取进度审批 费思·迈克尔斯、达拉斯·李	第1版：开发 史蒂芬·布朗
第2版：设计 彭妮·布莱特			

图 16-8　冲刺计划板

用户故事

描述

作为分析师，我将起草初级的软件规格说明书，包括第 1 版和第 2 版的功能，这样开发人员就可以专注于每个版本的需求

预期任务

- 开发第 1 版的初级软件规格
- 开发第 2 版的初级软件规格
- 验证：与团队一起评审初级的软件规格

验收标准

初级的软件规格说明书被评审和批准

图 16-9　用户故事示例

第 17 章

小型项目任务板

小型项目任务板可用于管理小型项目、任务、多个项目或任何项目活动。它不依赖于项目的生命周期，对所有的项目生命周期都很有效。小型项目活动板的一个好处是，它可以让你在独自一人的时候也能保持专注，凭借一个人的力量前行。

17.1 什么是小型项目任务板

小型项目任务板使用与看板相同的概念。基于敏捷原则，它允许你通过识别行动条目来跟踪项目进展，并限制你一次工作的数量或条目。你还可以看到活动完成后的进展。小型项目活动板是便携式的，所以它可以整天和你一起“旅行”。它主要包含以下几个部分。

- **待办事项**：跟踪计划好的活动。
- **进行中事项**：跟踪正在进行的活动。
- **已完成事项**：显示已完成的活动。

17.2 如何使用小型项目任务板

以下是使用小型项目任务板的指南。当然，当你使用这个工具时，你可以对其进行调整，以便更好地适应你的个人风格。

（1）确定你的跟踪时间。对小型项目来说，建议以一周为一个阶段。

（2）在便条上记录你的活动。小尺寸的效果最好。你可以用不同颜色的便条来代表不同的项目或主要活动，这样就能快速了解哪些项目 / 主要活动需要被关注。

（3）将计划中的活动放在“待办事项”部分。这让你对需要完成的工作有一个直观的认识。

（4）“进行中事项”部分表示正在进行的工作。当工作开始时，将便条从“待办事项”部分移到“进行中事项”部分。

（5）当工作完成后，将便条移到“已完成事项”部分。当一周结束时，你可以在“已完成事项”部分看到你的工作成就。

在阶段末留出时间来回顾你的进展，并为下一阶段的工作做计划。使用待办事项来记录那些不属于本阶段但将在未来完成的活动。

让你的活动板强大有力、个性十足、富有成效吧！

版权声明

Project Management for Small Projects,Third Edition

ISBN: 978-1-5230-9768-5